Tout comprendre à la PNL

SOMMAIRE

1 – La PNL c'est quoi ?

PNL ! Le mot est lancé ! ☐ Nous utiliserons le terme PNL pour désigner la programmation neurolinguistique dont vous avez probablement déjà entendu parler. Et vous n'êtes sûrement pas en train de lire ces lignes par hasard. Depuis les années 1980, ce terme a été abordé dans les médias sous sa forme la plus simpliste et souvent divergente.

Tantôt méthode, quelquefois modèle de communication, d'autre fois absurde, inutile. Mais que se cache-t-il derrière ce terme ? Est-ce un don et des capacités utiles ? Est-ce un ensemble de méthodes et techniques tout à fait pragmatiques qu'on peut apprendre ? Comment l'utiliser sur un plan personnel et professionnel ?

L'ouvrage que vous tenez entre les mains a été conçu comme un guide pour ceux qui aspirent à la réussite et souhaitent développer leurs ressources intérieures les plus profondes ! Il agira comme une aide et initiation si vous souhaitez approfondir vos connaissances en PNL.

Au-delà de la connaissance, puisse cette lecture vous permettre de passer à l'action dans l'intérêt du plus grand nombre. Tel est le vœu émis ! ☐

> *« Au lieu d'identifier ce qui ne tourne pas rond, vous pouvez identifier les moyens de vous épanouir. »*
>
> Richard Bandler

1 – 1 L'origine

Cette science non exacte a été élaborée dans les années 1970 aux États-Unis. Tout d'abord, développé à l'origine par **John Grinder** et **Richard Bandler,** elle est ensuite développée et enrichie par de nombreux autres contributeurs dont **Robert Dilts.**

Plusieurs personnes ont apporté leur pierre à l'édifice de la PNL tel que nous la connaissons aujourd'hui. Par ailleurs, son évolution a puisé ses sources dans différents domaines de la psychologie, des sciences sociales et de la psychothérapie.

1 – 2 Définition

La programmation neurolinguistique désigne un ensemble de techniques et de méthodes visant à favoriser le développement personnel d'une personne. C'est ici la définition la plus simple.

La majorité des personnes connaissent la PNL sous sa forme couramment relayée par les médias, à savoir l'analyse des gestes, postures et mimiques. Cependant, ce n'est qu'une partie émergée de la PNL. En effet… la PNL est utilisée en médecine alternative pour :

- la communication verbale
- la communication non verbale

- le développement personnel au sens large
- l'accompagnement au changement et la thérapie de renfort cognitif.

La PNL se présente comme l'étude des processus comportementaux acquis, considérés comme une programmation neurologique représentée par la linguistique.

Elle s'intéresse exclusivement aux informations émises sans interpréter les causes et formalise des protocoles permettant l'exploration et l'évolution de ces structures comportementales. En s'intéressant notamment aux représentations mentales et aux automatismes, elle les identifie, les schématise et peut les proposer comme stratégie. Très schématiquement, si une personne qui échoue se répète sans cesse « c'est dur », alors la programmation « je peux le faire », associée à la réussite chez d'autres, peut-être proposée. La PNL vise ainsi à décrire puis à reproduire les comportements efficaces et ses techniques préétablies se fondent sur des présupposés visant à décrire ce qui est associé à l'expérience subjective d'un sujet.

1 – 3 L'objectif et les principes de la PNL

Il n'y a pas un seul objectif, mais plusieurs. Ils vont dépendre des buts de la personne qui pratique la PNL et son niveau d'expérience.

Nous entendons ici par « objectif » un but ou la cible de quelque chose à atteindre. Aussi, toute approche scientifique, psychologique, médicale n'est pas prise en compte dans le développement ci-dessous.

Il s'agit ici de lister des objectifs pour une personne souhaitant découvrir, apprendre et pratiquer la PNL, dans un but de développement personnel.

- Améliorer sa communication verbale et non verbale
- Se développer, s'améliorer, au sens large (développement personnel)
- Mieux observer, comprendre et aider les autres dans l'accompagnement au changement et la thérapie de renfort cognitif

Avant de poursuivre, arrêtons-nous sur les intentions.

Avant de poursuivre la lecture de ces lignes, il est temps de prendre quelques minutes, de poser votre ouvrage (ou votre liseuse) et de vous questionner sur les points suivants :

- Qu'est-ce que je veux réellement ?
- Est-ce que cela dépend de moi ?
- Comment saurais-je que j'ai atteint mon objectif ? (Que vais-je voir, entendre ?)
- Qu'est-ce que cela va m'apporter d'encore plus important ?
- Y a-t-il des inconvénients dans ce que je vais apprendre, pratiquer ?
- Y a-t-il des obstacles ?

Exprimez vos réponses de façon positive, contextualisée, observable, quantifiable avec une limite dans le temps. Elles doivent être réalistes et bienveillantes, tout en relevant de votre responsabilité de changement.

Enfin, vous retiendrez dans votre démarche les idées suivantes :

1. Aucune pensée n'est totalement vraie (chacun possède la force dont il a besoin).
2. Tout est possible (tous les problèmes ont une solution).
3. Si quelque chose ne fonctionne pas, essayez autre chose.
4. L'échec est formateur (il n'y a pas d'échec, mais des occasions d'apprendre).
5. La communication est capitale.
6. Il faut établir des directives de communication claires, qui ne donnent pas lieu à des malentendus ni à des interprétations personnelles biaisées de la part du destinataire du message.
7. Il n'y a pas d'information sans relation.
8. La bienveillance est le fil conducteur des relations humaines.
9. Il y a une intention positive derrière toute action.

2 – Les grands noms de la PNL

Le fondement de la PNL est basé par ces trois grandes figures :
- **John Grinder** (linguiste et psychologue)
- **Richard Bandler** (mathématicien et praticien en Gestalt-thérapie, qui est parfois appelée Gestalt, est à la fois une psychothérapie, un corpus de concepts et un ensemble de pratiques visant un changement personnel, psychosocial et organisationnel)
- **Milton Erickson** (psychiatre et psychologue américain).

Aujourd'hui mondialement reconnus, ces trois précurseurs de la PNL ont posé les bases de cette discipline.

2 – 1 John Grinder

Il est né en 1940 et c'est un médecin, linguiste américain, consultant en management et formateur. Il est, en compagnie de **Richard Bandler**, le co-créateur de la programmation neurolinguistique (PNL). Il est également co-directeur d'une société de conseil en management, Quantum Leap inc., fondée par Carmen Bostic St. Clair en 1987. John Grinder propose des ateliers et des séminaires PNL à l'international.

- **L'université et la linguistique**

Dans les années 1960, John Grinder obtient une **licence en psychologie** à l'université de San Francisco, puis part en Europe durant la guerre froide pour servir dans l'armée américaine en tant que capitaine. À son retour, il reprend ses études et se spécialise en linguistique à l'université de San Diego, il en sort avec doctorat. Il a d'ailleurs écrit, avec **Suzette Elgin**, un livre sur la linguistique intitulé *« A Guide to Transformational Grammar : History, Theory, Practice »*.

Il devient ensuite, dans les années 1970, l'assistant d'un professeur de linguistique à Santa Cruz (Californie) et mène des recherches sur les théories de **Noam Chomsky**, spécialisé dans la **grammaire transformationnelle** qui est une grammaire comportant des règles qui établissent des équivalences entre divers types de phrases, dont elle rend compte par des opérations implicites.

- **La rencontre avec Richard Bandler**

C'est en 1972 que John Grinder rencontre Richard Bandler, alors étudiant en psychologie. Il l'assiste sur certains points concernant la **Gestalt-thérapie**. Après avoir effectué des recherches sur Virginia Satir, Fritz Pearls et Milton Erickson, John Grinder modélise les schémas comportementaux de ces thérapeutes et publie, avec l'aide de Richard Bandler, de nombreux ouvrages. Ces travaux constituent la base de la méthodologie de la PNL.

John Grinder et Richard Bandler commencent alors à organiser des séminaires, qui servent de lieux pour tester leurs nouvelles découvertes, tout en transmettant leurs compétences aux participants. À cette époque, un groupe d'étudiants et de psychothérapeutes se forme autour de John Grinder et Richard Bandler et contribue à l'évolution des concepts de la PNL. Ce groupe comprend Robert Dilts, Judith DeLozier et Leslie Cameron-Bandler.

Dans les années 1980, ils se sont séparés en raison de divergences d'opinions et chacun a utilisé la PNL pour servir son travail et ses idées. Richard Bandler revendiquait la paternité du terme « programmation neurolinguistique » et se disait l'**unique fondateur de la discipline**. Il a même poursuivi John Grinder en justice et lui a réclamé des dommages et intérêts, ainsi qu'à de nombreux membres ayant contribué à l'évolution de la PNL.

- **Les travaux sur le « nouveau code de la PNL »**

Entre 1982 et 1987, John Grinder et Judith DeLozier (une formatrice américaine), avec l'aide de Carmen Bostic St. Clair, ont développé le **« nouveau code de la PNL »**, influencé notamment par Gregory Bateson (anthropologue, psychologue, épistémologue américain). Ce nouveau code permet de pallier certaines faiblesses constatées dans les modèles **« classiques »** développés avec Richard Bandler. Il explique également l'implication de l'écologie et de l'inconscient dans le travail de changement. L'écologie, en PNL, est un concept qui permet de prendre en compte les conséquences sur l'ensemble du système (c'est-à-dire le client et son environnement).

John Grinder et Richard Bandler se sont **« réconciliés »** au début des années 2000 et ont reconnu qu'ils étaient les cofondateurs de la PNL. En 2001, Grinder a publié *Whispering in the Wind* avec Carmen

Bostic St. Clair, un livre contenant des recommandations sur la façon dont la PNL peut améliorer la pratique des thérapeutes.

John Grinder et Carmen Bostic St. Clair continuent à donner des **séminaires PNL** dans le monde entier. Ils ne cessent d'explorer de nouveaux territoires et d'actualiser leur travail, en introduisant de nouveaux modèles d'excellence et en modernisant les anciens. John Grinder dispense des formations de PNL à **plus de 20 000 personnes** chaque année. Son travail est toujours considéré comme le **fondement de la méthodologie** pour tous les praticiens de la PNL aujourd'hui.

C'est un auteur très prolifique qui a écrit de nombreux livres sur des sujets complexes allant de la **thérapie familiale à la PNL** en passant par la **grammaire transformationnelle**.

2 – 2 Richard Bandler

Richard Wayne Bandler est un auteur américain. Il est aussi le co-inventeur (avec John Grinder) de la programmation neurolinguistique (PNL) et créateur de l'**ingénierie conceptuelle du génie humain** (ICGH), Design Human Engineering (DHE) et du **rematriçage neurohypnotique** (RNH). Les faits historiques que vous lirez ci-dessous sont importants. Ils vont vous permettre d'apprécier le contexte, les enjeux et l'évolution de la PNL. Vous comprendrez également l'interdépendance de la PNL à d'autres domaines de la médecine, psychologie et thérapie alternative. En effet, dès le début, la PNL a été intimement liée à un univers beaucoup plus grand que nous le pensons.

- **Éducation et expérience**

Bandler est titulaire d'un **Bachelor of Arts** (1973) en philosophie et psychologie de l'université de Californie à Santa Cruz (UCSC) et un Master of Arts (1975) en **psychologie** du collège de Lone Mountain, San Francisco.

- **Cofondateur de la PNL**

Richard Bandler a été invité par **Robert Spitzer**, avec le livre « Science and Behavior » (science et comportement) en sa possession, pour participer à une formation de **Fritz Perls** et **Virginia Satir**, et a ensuite été engagé par Spitzer pour l'aider à écrire un des livres de **Perls** : *The Gestalt Approach (L'approche de la Gestalt)*.

Alors qu'il était étudiant à l'université de Californie à Santa Cruz, Bandler a également dirigé **un atelier de Gestalt-thérapie** où il a invité un professeur de linguistique, John Grinder, en tant qu'observateur. Grinder a dit à Bandler qu'il pouvait expliquer la plupart des questions et des commentaires de Bandler en utilisant la grammaire transformationnelle, un sujet dans lequel Grinder s'est spécialisé. Ils ont développé un **modèle thérapeutique**, qu'ils ont appelé le **métamodèle**. Ce modèle est devenu leur premier livre : *The Structure of Magic, Volume I* (1975).

Bandler a ainsi pris pour modèle un physicien israélien et fondateur de l'école de travail corporel **Feldenkrais**, **Moshe Feldenkrais**, qui a publié plus tard son livre *The Elusive Obvious*. Dans nombre de ses cours, il enseignait les éléments de cette forme de travail corporel qu'il avait modélisée.

2 – 3 Milton Erickson

Milton Erickson a joué un rôle important dans la rénovation de l'hypnose clinique et a consacré de nombreux travaux à l'**hypnose thérapeutique**. Il est un **psychiatre** et **psychologue américain**. Son approche novatrice de la psychothérapie repose sur une conviction. Selon lui, le patient possède en lui les ressources nécessaires pour répondre de manière appropriée aux situations qu'il rencontre : il s'agit donc d'utiliser ses compétences personnelles et ses possibilités d'adaptation. Atteint de **poliomyélite** à l'âge de 17 ans, Erickson a été une figure emblématique du **« guérisseur blessé »**, expérimentant sur lui-même, au cours de sa rééducation, certains phénomènes qu'il a ensuite appliqués en hypnose thérapeutique.

Milton est considéré comme le père de la **thérapie brève**. Ses travaux ont inspiré plusieurs approches thérapeutiques, dont l'**hypnose éricksonienne**, la **thérapie brève de Palo Alto**, largement fondée sur les tâches qu'il donnait à faire à ses patients, la programmation neurolinguistique et diverses autres techniques de traitement.

- **Premières expériences avec l'hypnose**

À l'université, Erickson participe à un séminaire sur l'hypnose organisé à l'université du Wisconsin par **Clark L. Hull**, l'un des pères fondateurs, avec Jean Leguirec, de la **psychologie expérimentale** et des théories de l'apprentissage aux États-Unis. C'est avec Hull qu'est née l'application de la **méthode expérimentale** à l'hypnose. Hull cherche à appliquer une méthodologie stricte au domaine de l'hypnose et reprend le célèbre débat entre suggestion (École de Nancy) et état modifié de conscience (École de la Salpêtrière). La plupart des expériences de Hull se concentrent sur la question de la suggestibilité. Prenant le parti de l'école de Nancy aussi appelée École de la suggestion, est, avec l'École de la Salpêtrière, l'une des deux grandes écoles ayant contribué à l'« âge d'or » de l'hypnose en France de 1882 à 1892. Il ne mentionne jamais de base physiologique à cet état particulier qu'est l'hypnose.

Plus tard, en 1923, Hull manifeste de l'intérêt pour le travail expérimental d'Erickson sur l'hypnose et lui propose de poursuivre ses recherches pendant l'été et d'en faire le compte rendu en septembre devant le **séminaire de troisième cycle** sur l'hypnose que doit organiser le département de psychologie.

En 1928, Erickson obtient son **doctorat en médecine** et sa maîtrise en psychologie à l'hôpital général du Colorado. Il est ensuite interne en **psychiatrie au Colorado psychopatic hosptital**, où il lui est interdit de mentionner l'hypnose. Quelque temps ensuite, il devient médecin assistant à l'hôpital d'État pour les maladies mentales de Howard, dans le **Rhode Island**.

- **Premiers articles sur l'hypnose**

D'avril 1930 à 1934, il est médecin assistant puis médecin-chef du département de recherche du Worcester State Hospital dans le **Massachusetts**. C'est à cette époque qu'il est officiellement autorisé à poursuivre ses recherches sur l'hypnose. Il publie son premier article sur le sujet. C'est dans le Michigan que Erickson a mené la plupart de ses expériences sur l'hypnose, notamment celles concernant la **surdité hypnotique** et le **daltonisme hypnotique**.

- **Un art de l'observation**

Dans son enseignement de la psychothérapie, Erickson apprenait à ses étudiants à bien observer le patient sans avoir d'idées préconçues sur lui. Il considérait aussi que l'apprentissage de l'hypnose et de l'**autohypnose** était un excellent moyen pour le thérapeute de développer ses capacités d'observation. Il soulignait que lui-même était le plus souvent en transe lorsqu'il menait des **séances de thérapie**. Dans un article publié avec Ernest Rossi en 1977, il déclare : « Lorsqu'il y a une question cruciale à propos d'un patient et que je ne veux pas manquer le moindre détail, je rentre en transe ». Pour lui, la transe du thérapeute lui permet d'être plus conscient des nombreux messages subliminaux non verbaux que les patients émettent inconsciemment. Erickson ne voulait pas être considéré comme un **gourou** ou **un magicien**. Il insistait sur le fait que tout ce qu'il faisait était le résultat d'une **observation attentive** de la personne et d'une réponse à ses communications.

- **Une nouvelle conception de l'inconscient**

Erickson prend en compte l'inconscient dans son approche. Selon sa conception, l'inconscient n'est pas la menace pulsionnelle qui, selon la **théorie psychanalytique**, vient perturber la vie consciente et ainsi forcer le refoulement. Au contraire, pour Erickson, **l'inconscient** est la source des **nouvelles énergies** que le patient ignore et auxquelles il apprendra à accorder de plus en plus de place. La préoccupation principale du thérapeute doit être de découvrir l'intériorité de son patient et plus encore. Cette conception de l'inconscient est liée à sa conception de l'**hypnose**, qu'il définit comme *« l'évocation et l'utilisation des apprentissages inconscients »*.

- **L'approche par l'usage**

Pour Erickson, « la première chose à faire en psychothérapie n'est pas d'essayer de forcer l'être humain à changer sa manière de penser ; il est préférable de créer des situations dans lesquelles l'individu lui-même **changera volontairement sa manière de penser** ».

3 – Les croyances et mythes

Selon **Roland Gori**, psychanalyste français, les impostures contemporaines comme la PNL privilégient la forme sur le fond, valorisent les moyens sur les fins, s'appuient sur l'**apparence et la réputation** plutôt que sur le travail et la probité, soutiennent l'audience plus que le mérite, optent pour le pragmatisme plutôt que le courage de la vérité, choisissent l'**opportunisme de l'opinion** plutôt que de s'en tenir aux valeurs, pratiquent l'**art de l'illusion** plutôt que l'émancipation par l'esprit critique, s'abandonnent à l'apparence de la fausse sécurité des procédures. Ses adeptes n'ont aucune base **épistémologique**, aucune méthode de travail, d'expérimentation et de validation des résultats, leur prose est truffée de références mystico-ésotériques et antirationalistes.

3 – 1 Manipulation et tromperie

On reproche d'abord à la PNL d'être proche de l'**hypnose et la synchronisation** pour manipuler les esprits. On rappelle régulièrement que la PNL est construite sur une science inexacte (pseudoscience, théorie scientifique), et

- qu'il s'agit d'une méthode destinée à des psychothérapeutes et à des entreprises, ce qui en fait une pratique manipulatrice ;
- un manque ou absence de déontologie du praticien en PNL ;
- un phénomène de mode ;

- un business lucratif (formation, coaching, livres…) ;
- un jargon qui cache l'absence de savoir-faire en matière de manipulation des relations humaines.

Plusieurs acteurs insistent sur les dangers et les limites des formations, coachings, ateliers et cours sur la PNL dans le domaine du management en entreprise. En présentant le coaching comme un outil de développement professionnel avec la PNL, on cache son **intervention sur l'âme**, la **psyché** et la **vie privée du coaché**. La violence du coaching utilisé sur les employés est cachée, car très fréquemment, la domination de la méthode sur l'individu est minimisée, au profit de la présentation de son « sens profond » qui alimente ses bénéfices. L'entreprise s'arroge ainsi le droit de remodeler le fonctionnement psychologique de ses employés, voire de se l'attribuer, de le normaliser et, *in fine*, de s'en prévaloir dans le cadre de sa démarche qualité. Elle pourra ainsi plonger dans un bain de PNL et produire des statistiques **pseudo-significatives douteuses**, sans parler des cours de communication non verbale ou de gestion antistress. Certains la classent d'ailleurs parmi les sables mouvants des outils dangereux du management, au même titre que la certification d'entreprise ou la graphologie. La PNL pourrait être prise comme modèle des dérives du coaching tel qu'il est souvent appliqué.

3 – 2 C'est dangereux

La PNL est une discipline **complètement naturelle**, elle n'utilise aucun **élément chimique** et n'est donc pas dangereuse pour la santé. Au niveau de la thérapie, elle est également très sûre, car les risques sont déterminés avant l'intervention. L'idée préconçue selon laquelle la PNL est **dangereuse** n'est alors pas fondée.

Cependant, il est toujours nécessaire de vérifier si le thérapeute possède une **certification officielle en PNL**. Si c'est le cas, cela signifie que le professionnel a reçu une **formation adéquate**.

Au-delà de cette position, la prudence s'impose notamment dans les domaines développés ci-dessous.

Les domaines d'inefficacité de la PNL

- **Psychothérapie**

De nos jours, la PNL est rarement mentionnée dans les psychothérapies. Elle est même identifiée comme l'une des dix pratiques modernes de santé mentale les plus discréditées, voire comme une méthode à éviter. La **Mission interministérielle de lutte contre les sectes** (MILS) qui est un organisme de l'État français créé en 1998, elle la cite expressément comme un exemple de risque sectaire en psychothérapie. Le Centre d'information et de prévention sur les psychothérapies abusives et déviantes (CIPPAD) est une association loi de 1901 ayant pour objet d'alerter l'opinion publique sur le nombre croissant des dérives déontologiques et sectaires observées chez une minorité de psychothérapeutes, elle la classe dans la catégorie des modes de psychothérapie qui peuvent poser un problème, voire être dangereux.

Il existe de nombreux doutes quant à sa sécurité. Elle n'offre aucune nouvelle théorie scientifiquement valide dont on pourrait bénéficier, ne montre aucune efficacité et n'apporte aucune preuve d'une **amélioration substantielle des soins psychiatriques** existants, mais présente de nombreuses caractéristiques conformes à la **pseudoscience**. « L'enthousiasme pour une nouvelle thérapie crée des attentes d'efficacité qui renforcent ses résultats », selon le **Dr Christophe André** (psychiatre au Centre hospitalier Sainte-Anne).

Christian Balicco, docteur en psychologie et membre de l'American Psychological Association, en août 2000 dans la revue **« Science et Pseudo-Sciences »** (SPS), publiée par l'**Association française pour l'information scientifique**, conclut son article comme suit : « Les fondements de cette discipline et l'absence systématique de vérification (au sens expérimental du terme) nous amènent à conclure qu'elle est utilisée de manière abusive et surtout anti-scientifique ». Quant à l'utilisation de cette méthode à des fins psychothérapeutiques, on ne peut que s'inquiéter de l'avenir des patients qui consultent ces **« pseudopraticiens »**.

On peut s'interroger non seulement sur la santé et l'équilibre mental de ces **« praticiens »** mais aussi sur le danger qu'ils font courir aux clients qui ont **la naïveté** de les consulter.

La production de mélanges, de **« chimères »** composées de bribes, comme la PNL et le **psychodrame**, selon le psychanalyste **Joseph Rouzel**, conduit à produire des psychologues à bas coût en absorbant une soupe de connaissances issues de domaines **hétérogènes**.

Pour le psychiatre et psychanalyste **Serge Tisseron**, le succès des livres sur la PNL s'explique par le fait qu'ils **« donnent l'impression que l'on va contrôler ses interlocuteurs »**. Le professeur Roland Gori (psychiatre et psychanalyste) à propos de la littérature sur la PNL : « Lire dans les pensées des autres. C'est un vieux fantasme. Mais nous ne pouvons même pas lire dans les nôtres (…) Et si la psychanalyse a quelque chose à nous apprendre, c'est cela. Si nous voulons lire les pensées des autres, nous ne sommes pas des psychanalystes. » Pour le **professeur Andronikof** de l'université de Paris-Nanterre : « Nous projetons sur autrui nos propres mauvaises intentions. […] À partir de ce modèle, nous pouvons faire l'hypothèse que la dérive de l'interprétation chez l'être humain repose sur la volonté (inconsciente et incontrôlée) de faire dire à l'autre ce que nous pensons nous-même sans nous l'avouer. »

En fait, ces ouvrages sont révélateurs du malaise des sociétés actuelles, qui ne cherchent pas à **« mettre en avant les valeurs du bonheur »**, mais qui parlent plutôt de **« maîtrise, contrôle et pouvoir »**. À ce titre, le succès de ces livres est le symptôme d'un grave problème de société. Pour d'autres encore, il présente des traits folkloriques proches de l'absurdité de l'ésotérisme et du bazar coloré des superstitions. Selon Valérie Brunel, la PNL forme des psychothérapeutes charlatans, notamment en entreprise, qu'elle appelle des **« managers d'âmes »**. Pour les professeurs Margaret Thaler Singer et Janja Lalich, il s'agit de **« thérapies folles »**. Selon le psychologue américain Albert Ellis, fondateur de la **thérapie rationnelle-émotive** : « La PNL a été spécifiquement identifiée comme l'une de ces **« techniques à éviter »**. Il la détestait en raison de sa validité douteuse.

Pour d'autres universitaires encore, avec la PNL : « On peut programmer ou déprogrammer, coder ou décoder, car les systèmes verbaux ne sont reliés entre eux que par des structures, sortes d'"**archétypes cognitifs**" où la norme est "**prototypique**". Si le programme est **infecté par un virus** (le virus du langage), un traitement antiviral sera effectué pour remettre la programmation neurolinguistique en marche. […] Cette logique binaire (dedans/dehors, normal/anormal) par ses catégorisations et généralisations abusives, relève de la "négation" et se présente comme la subsistance d'un archaïsme. »

Juridiquement, en **France**, l'utilisation par les médecins de traitements insuffisamment testés ou de procédés illusoires sans les réserves nécessaires est interdite par le Code de la santé publique, articles R4127-14 et R4127-39. De plus, l'article R4127-32 du Code de la santé publique oblige le médecin à dispenser des soins **« fondés sur les données acquises de la science »**. Le Conseil de l'Ordre des médecins en France interdit aux médecins **« d'appliquer des attitudes prétendument thérapeutiques à caractère sectaire »**.

Une précision apportée en 2018 par le **Conseil de l'Ordre sur le cadre déontologique** des « médecines alternatives et complémentaires » précise que tout médecin doit exercer la médecine conformément aux données acquises de la science, tant dans l'élaboration du diagnostic que dans la proposition d'un traitement. Les psychologues français, également à travers leur code de déontologie actualisé, signé par **16 organisations professionnelles**, s'engagent d'une part à ce que les techniques utilisées par le psychologue à des fins d'évaluation, de diagnostic, d'orientation ou de sélection aient été validées scientifiquement et soient actualisées et d'autre part à ce que le psychologue enseignant la psychologie ne participe qu'à des formations offrant des garanties scientifiques sur leurs buts et moyens.

Georges Vignaux s'inquiète d'un tel positionnement médical, car les patients qui iront en consultation ne font pas forcément la différence entre un psychologue ou un psychiatre, et encore moins un psychothérapeute utilisant la PNL (ce qui laisse penser qu'il est un véritable spécialiste du soin). Il en va de même pour une consultation médicale auprès d'un professionnel de santé. **La MIVILUDES** observe et analyse le phénomène sectaire, coordonne l'action préventive et répressive des pouvoirs publics à l'encontre des dérives sectaires, et informe le public sur les risques et les dangers auxquels il est exposé. Elle rappelle dans un guide que l'**exercice illégal de la médecine** en droit pénal français est constitué « lorsqu'une personne **non titulaire d'un diplôme de médecin** établit un diagnostic et/ou préconise un traitement et suggère une guérison ».

L'article L4161-1 alinéa 1 du Code de la santé publique prévoit que l'**exercice illégal de la médecine** est constitué par : « Toute personne qui participe habituellement à l'établissement d'un diagnostic ou au traitement de maladies réelles ou supposées, par des actes personnels, des **consultations verbales** ou par tout autre procédé quelconque sans être titulaire d'un diplôme, certificat ou autre titre mentionné à l'article L. 4131-1 et requis pour l'exercice de la profession de médecin ». L'article L4161-5 du Code de la santé publique dispose : « L'exercice illégal de la profession de médecin est puni de **deux ans d'emprisonnement** et de **30 000 euros d'amende** ».

- **Communication, management et marketing**

La programmation neurolinguistique devait être utilisable dans le domaine de la vente et du marketing, par exemple avec l'**accès oculaire**. L'utilisation de ce dernier modèle dans la perception de la relation entre deux personnes a été testée dès 1983 et n'a pas montré d'amélioration. Il n'existe pas de données permettant de démontrer de manière convaincante que les techniques alternatives telles que la PNL favorisent ou **améliorent l'efficacité individuelle ou organisationnelle**. « La science est venue et elle [la PNL] est partie, mais la croyance demeure. »

Le Comité sur les techniques d'amélioration des performances humaines et la Commission américaine des sciences comportementales et sociales et de l'éducation notent des effets négatifs sur la cohésion du groupe avec l'utilisation de la PNL. En termes d'application au niveau organisationnel, il est **difficile d'apporter la preuve de son efficacité**. Elle ne présente guère plus d'intérêt pour la gestion des ressources humaines.

- **Pédagogie et enseignement**

Le Canard enchaîné rapporte l'envoi d'une lettre (restée sans réponse) du 3 mars 2015 aux **ministres de la Santé et de l'Éducation nationale**, signée par une dizaine de sommités médicales et scientifiques dont le Pr Capron de l'APHP de Paris, Jean-Marie Lehn, prix Nobel de chimie, le Pr Jacqueline Godet de l'université Claude Bernard Lyon 1, Jean-Michel Ducomte, président de la Ligue de l'enseignement, Pierre Tartakowsky, ancien président de la Ligue des droits de l'homme, demandant la suppression de **« ces diplômes universitaires liés au domaine médical [dont la PNL], mis en place localement et donc sans évaluation nationale »**. Dans les colonnes du *Quotidien du médecin*, le Pr Capron réitère sa ferme opposition de longue date à ces **« éléments non scientifiques »** pour lesquels il n'a pas de mots assez durs : « Il y a une continuité entre ces pseudothérapies et les sectes, qui peuvent pénétrer l'hôpital par cette voie. En tant que responsable de la qualité et de la sécurité des soins, je me bats contre tout ce qui n'est pas fondé sur des preuves ».

- **Performance sportive**

L'utilisation illégale du titre de psychologue et l'exercice illégal de cette profession sont des exceptions dans le **contexte sportif**. En revanche, l'utilisation de techniques telles que la PNL ou la **sophrologie** présentée comme une solution miracle est courante. Quelles formations et compétences sont requises pour ces marchands d'illusions ? Des attentes **inatteignables** et **utopiques** sont présentées aux sportifs en quête d'aide.

Ils sont ensuite abandonnés après avoir servi d'**objet de promotion d'une méthode** dont ils ont eux-mêmes pu mesurer l'inefficacité. Ces chimères sont alimentées par les médias. Dans le domaine du sport aussi, la PNL entre clairement dans la catégorie des idées **pseudoscientifiques** et des **neuro-mythes**.

- **Séduction**

En appliquant les principes de base de la PNL, les théoriciens de la séduction cherchent à mettre en évidence les mécanismes de la séduction. Interpréter toutes sortes de détails comportementaux comme des signes de disponibilité sexuelle permettraient de « conclure l'affaire en dix minutes ». Les séducteurs adaptent donc leur comportement corporel en fonction de la réaction qu'ils attendent de leur proie potentielle. Pour Mélanie Gourarier, doctorante en anthropologie à l'**École des Hautes Études en Sciences Sociales**, on tente d'analyser ces situations avec le vocabulaire des scientifiques. Il s'agit d'une **fraude intellectuelle**, une accusation déjà portée par **Yves Winkin**.

3 – 3 C'est une secte

En France, la MILS (Mission interministérielle de lutte contre les sectes) évoquait en 2002 dans son rapport que la PNL est parmi quelques exemples de dérive sectaire dans le domaine de la psychothérapie française. Si on se base sur ce rapport, la PNL est donc :

- un ensemble disparate de méthodes de communication, de références théoriques (reformuler un message, décoder des signaux non verbaux, des mouvements oculaires) ;

- que les fondements scientifiques et les validations empiriques sont faibles ;
- que la PNL ne se distingue pas d'autres offres de produits psychologiques (formation aux relations humaines, à l'animation des groupes de développement personnel, analyse transactionnelle).

Un collectif d'enseignants en PNL a ensuite rédigé une lettre ouverte pour préciser qu'il est nécessaire de distinguer la technique proprement dite de l'usage qui en sont fait par certains.

Il est bien de mentionner que la MIVILUDES (Mission interministérielle de vigilance et de lutte contre les dérives sectaires) remplace la MILS en 2003. Et que son rôle est d'observer et d'analyser le phénomène et dérives sectaires et d'informer le public sur les risques et les dangers auxquels il est exposé, bien que la PNL soit enseignée aujourd'hui sur les cinq continents.

3 – 4 Ce n'est pas scientifique

La programmation neurolinguistique a parfois été perçue, surtout à ses débuts, comme une **collection syncrétique**, **technique** et **non critique** de plusieurs théories et approches. Après l'arrivée du modèle organisateur des **niveaux logiques**, d'autres observateurs l'ont perçue comme un éclectisme ou une utilisation raisonnée en fonction des besoins du patient.

Monique Esser, universitaire en psychologie et sciences de l'éducation et également **spécialiste de la PNL**, la présente plutôt comme une intégration d'autres théories et modèles issus de différents domaines, et cherche à identifier les points de jonction, les complémentarités, voire les **contradictions épistémologiques**.

Richard Bandler et **John Grinder** expliquent : « Nous ne sommes pas des psychologues, ni des théologiens ou des théoriciens. Nous n'avons pas d'idées sur la nature "réelle" des choses, et cela ne nous intéresse pas particulièrement. »

De ce fait, ses fondateurs ne considèrent pas la programmation neurolinguistique comme une science. Cependant, ils utilisent un langage technique (un jargon) et se réfèrent à des connaissances scientifiques pour justifier les approches qu'ils ont construites. Aussi, la PNL est critiquée pour son ambition de revendiquer un statut scientifique, elle est classée comme une pseudoscience. L'objectif de la PNL est en effet de synthétiser un grand nombre de modèles et de théories psychothérapeutiques.

Comme le rappelle **Robert Dilts**, une « science » est « toute branche ou département d'une connaissance systématisée considérée comme un champ distinct d'investigation ou objet de recherche ; comme, la science de l'astronomie, de la chimie, ou de l'esprit ». En considérant cette définition, la programmation neurolinguistique pourrait être considérée comme la **« science de l'expérience subjective et de l'expérience sensorielle »** ; Robert Dilts et Judith Delozier précisent qu'« il y a un lien entre la PNL et d'autres courants de la psychologie, car la PNL se dessine à partir de la neurologie, de la linguistique et des sciences cognitives ».

4 – Les techniques

Les PNListes ont modélisé de nombreuses techniques de changement. Leur utilisation coordonnée apporte au praticien à la fois précision et efficacité, mais aussi une grande créativité dans la recherche de solutions.

4 – 1 La modélisation

La **modélisation PNL** est une approche de la programmation neurolinguistique qui permet d'observer des comportements réussis, d'en déterminer les conditions de réussite et de les reproduire au mieux.

Le modélisateur PNL doit alors questionner, observer, recueillir des informations et des descriptions. Par **mimétisme comportemental**, il tente de reproduire l'expérience subjective de l'expert en termes de comportement, de mode de pensée, de sensorialité, de séquence ou de convictions. La phase suivante lui permet d'identifier les **redondances significatives** dans sa façon de faire et de les comparer à la façon de faire des personnes qui ne possèdent pas cette compétence. Le praticien PNL doit ensuite tester la pertinence de son modèle sur le terrain en reproduisant les éléments typiques dans des **situations concrètes**. Le modèle doit être affiné en recherchant la formulation la plus simple possible qui conserve les qualités modélisées.

Le modélisateur doit également **établir des liens** avec d'autres modèles PNL et d'autres théories et en **rechercher les limites**. Enfin, il doit construire une procédure pour intégrer et enseigner le modèle.

Il y a quelques années, vous avez essayé de **reproduire le positivisme** que vous admirez chez une personne en particulier. Vous avez remarqué son enthousiasme débordant et sa capacité à surmonter les petites frustrations. Vous l'avez donc **observé attentivement**, vous lui avez posé des questions et vous avez progressivement commencé à adopter sa **manière de penser et de faire**. Pour que cela fonctionne, vous devez vous mettre à la place de l'autre, faire comme si vous étiez la personne que vous souhaitez **modéliser**.

4 – 2 Le point d'ancrage

En programmation neurolinguistique, le processus appelé « ancrage » ou « point d'ancrage » est un processus simple et naturel qui consiste à associer un état interne (émotion, sentiment) à un **stimulus externe**. Le simple fait de réenclencher le stimulus suffit à faire revenir à l'esprit l'ensemble de l'expérience et l'état interne qui lui est associé. Les **« ancres »** peuvent être visuelles, auditives, kinesthésiques, olfactives ou gustatives. Cette technique est basée sur les **expériences de réflexe conditionnel** menées par le **psychologue russe Ivan Pavlov**. L'exemple littéraire le plus célèbre d'ancrage est celui de l'ancrage gustatif décrit par **Marcel Proust** dans *À la recherche du temps perdu*. L'auteur explique comment tous les souvenirs de son enfance lui reviennent à l'esprit lorsqu'il déguste une madeleine comme celles qu'il appréciait dans son enfance. Bandler et Grinder ont observé l'utilisation pas forcément consciente de ce mécanisme psychologique chez les grands psychothérapeutes qu'ils ont modélisés. Ils ont construit **des protocoles qui mobilisent ce mode d'association** que notre cerveau connaît pour en faire un processus conscient et très rapide.

Plusieurs techniques de programmation neurolinguistique utilisent donc ce processus. Par exemple, la technique dite de **« désactivation de l'ancre »** est utilisée lorsque le sujet est dans un état émotionnel négatif qui le coupe de ses compétences et de ses ressources. L'idée est d'identifier un état interne positif qui pourrait **contrebalancer et neutraliser** le premier. L'étape suivante consiste à créer un ancrage positif en prenant un moment pour se replacer dans une situation dans laquelle la ressource positive a été expérimentée et ainsi **déclencher un stimulus sensoriel** supplémentaire (un contact physique ou un mot sur un certain ton de voix). Ensuite, il suffit de repenser à la situation problématique et de réinitialiser l'ancrage afin que les deux états émotionnels s'annulent. Le protocole **« changement d'histoire de vie »** est un mélange du protocole **« recherche transderivationnelle »** et du protocole **« désactivation de l'ancre »**. En utilisant l'ancrage, d'une part, pour retrouver dans notre passé toutes les expériences où un même état émotionnel a été vécu, et la désactivation de l'ancre, d'autre part, pour changer le vécu d'une série d'expériences négatives, cette technique permet de **modifier l'impact négatif** d'une chaîne de moments vécus afin d'aller vers un état futur plus positif.

L'ancrage spatial est une position dans la pièce qui est balisée comme un lieu identifié pour vivre un aspect émotionnel. Plusieurs techniques de PNL les utilisent, comme la **réimpression**, **SCORE**…

> ☐ **Exemple POINT D'ANCRAGE :**
>
> Maintenant que vous êtes prêt, voici les 5 étapes à dérouler pour réaliser votre ancrage :
>
> - Choisissez l'émotion ou l'état que vous voulez ressentir : cela peut être la joie, la forme, l'amour, la compassion, l'énergie !! Ou tout ce que vous voulez dans le registre motivant, inspirant…
> - Choisissez l'expérience : faites un petit retour en arrière et identifiez l'expérience ou la situation qui a provoqué cette émotion. Ce sera votre souvenir ressource dans lequel vous allez puiser toute votre énergie.
> - Choisissez les stimuli ou votre point d'ancrage : cela peut être un geste (pincement d'un doigt, de la paume de la main), cela peut être la vue ou la manipulation d'un objet fétiche (la montre, la bague, une photo…), une odeur ou un goût familier (le café ?). Le choix de cet objet ou de ces stimuli est important, vu que c'est sur celui-ci que vous allez ancrer votre émotion.
> - Visualisez : c'est la dernière étape de cette technique. Maintenant que vous êtes relaxé, déclenchez vos stimuli (par exemple, pressez votre paume de main), revivez votre souvenir ressource. Ressentez l'émotion recherchée pendant le temps dont vous avez besoin.

Ça y est, votre ancrage est réalisé. Maintenant, si votre ancrage est correct, rien qu'en déclenchant vos stimuli, vous devriez ressentir ces émotions positives que vous avez enregistrées.

4 – 3 Le mirroring

Le mirroring ou la **synchronisation** est un des aspects de la relation. Lorsque nous entrons en relation avec un partenaire dans une logique d'objectif, ce qui est à mes yeux toujours le cas, nous allons tendre vers une synchronisation, plus ou moins naturelle.

Cette étape est un moment de rencontre, d'accueil de l'autre, de découverte. L'être humain restera la plupart du temps attiré par ce qui lui ressemble. Cette similitude, ou du moins ce désir d'être reconnu comme **partageant la même carte du monde**, est une des bases du mirroring.

Il existe généralement une condition préalable fondamentale à une communication réussie : **la synchronisation**. Ce terme est issu de la PNL. Pour que votre interlocuteur puisse **écouter** et **interpréter** ce que vous dites, vous devez être dans le même « **monde** » que lui, au « **même niveau** », sur la même « **longueur d'onde** »…

Par exemple, il est difficile de tenir une conversation pendant plus de deux minutes lorsqu'une personne est assise, totalement détendue, et que l'autre est debout, ferme, dominante : il y a clairement **désynchronisation**…

La PNL propose une technique redoutable : le **mirroring**. Il n'est pas exagéré de dire qu'il s'agit d'un préalable à la synchronisation, qui consiste à adopter une **posture similaire** à celle de votre interlocuteur et à la faire évoluer au même rythme que lui. Le but n'est pas de singer ou de caricaturer votre interlocuteur ! Mais surtout, de se mettre dans la **même dynamique** que l'autre.

Le terme **« mirroring »** évoque un **« miroir »**, mais il ne faut pas reproduire tous les gestes, mouvements ou expressions de l'autre personne comme si l'on était **son reflet**… Tout d'abord, veillez simplement à ne pas prendre **une position opposée à la sienne :** s'il est assis, ne vous levez pas… S'il se penche en avant pour vous parler, ne vous appuyez pas sur votre chaise… Bref, ne cherchez pas à tout prix à affirmer votre singularité en prenant des poses trop originales ou en **décalage avec l'ambiance** qui se dégage de son comportement.

□ **Exemple MIRRORING**

Voici un exercice amusant à faire dans le bus ou le métro : **synchronisez-vous avec la personne assise devant vous :** croisez les bras, jouez avec votre téléphone portable… exactement comme elle… Ensuite, pour tester la qualité de cette synchronisation, touchez votre nez comme s'il vous démangeait… Si la personne porte également sa main à son visage, cela signifie que vous avez établi un **premier niveau de synchronisation** selon la PNL.

4 – 4 La visualisation

La visualisation est tout simplement l'utilisation de **l'imagination**. Elle consiste à créer une **situation dans l'esprit**, une sorte de rêve qui sera facile à reproduire par l'esprit conscient.

Elle a pour but de **créer une image mentale** et **à la développer**. La visualisation est alors centrée sur un concept abstrait, un sentiment ou une chose intangible. Il s'agit d'une **représentation mentale** guidée par un praticien qui mène et ramène au même point.

Il ne faut pas confondre les concepts de **visualisation** et de **méditation**. Dans la méditation, vous poursuivez un objectif concret, alors que la visualisation d'une image se caractérise par un **aspect technique**. De manière explicite, la visualisation peut être utilisée comme un outil dans la pratique de la méditation. Elle peut être utilisée pour aider à **gérer le stress**, par exemple, ou pour créer un sentiment permanent de bien-être.

Cependant, durant la méditation, nous pouvons rencontrer des interférences ou des pensées que nous devons simplement laisser passer. Pendant la **visualisation**, nous saisissons mieux les images et nous nous concentrons sur elles, nous les explorons, nous les traitons… et finalement, nous les comprenons.

- **Comment pratiquer la visualisation ?**

Il existe une **technique simple** qui est souvent pratiquée par **les initiés**. Elle consiste à créer un **écran mental** dans l'esprit puis à entrer dans un état de conscience pour visualiser des désirs enfouis ou conscients. C'est comme imaginer un **écran de cinéma qui montre son propre film**.

Après avoir pratiqué cette visualisation, vous aurez l'impression d'avoir vu l'**image de manière presque réelle**. L'objectif est de **transmettre une idée précise à l'esprit** afin qu'il puisse le conduire vers les **ressources internes** qui contribueront à sa réalisation. La bonne nouvelle est que plus, vous maintenez ce message dans votre esprit, plus vous en prenez conscience.

- **Quelles sont les étapes à suivre de la visualisation ?**

Voici les étapes à suivre pour exercer la visualisation :

- Isolez-vous dans un **endroit calme** et **reposant**
- Faites l'exercice que si vous ressentez l'envie de vous y lancer
- Fermez les yeux
- Visualisez un **objectif de vie**, par exemple l'obtention d'une promotion en milieu professionnel
- Pensez à la porte de votre bureau sur laquelle a été apposé votre nom en lettres dorées
- Imaginez votre fauteuil pivotant et votre bureau en bois bien fini parfaitement brillant
- Visualisez les **éléments importants**, puis les détails (les rayons lumineux qui passent par les stores, la couleur de votre moquette…)

Quelques conseils pour réaliser une bonne visualisation

❖ **Ciblez une situation pour pouvoir visualiser sereinement**

Visualiser la situation cible est une étape cruciale, il peut s'agir d'une situation **professionnelle** ou **personnelle**, mais il est important de comprendre qu'une bonne visualisation comprend :

- Un environnement et un contexte bien défini : visuels, auditif, olfactifs
- Des comportements ainsi que des réactions produites sur l'environnement
- Une **sensation kinesthésique** précise
- Nos pensées qui peuvent se traduire par « je suis totalement présent »
- Nos **émotions positives** (sans émotions négatives)
- L'idée d'atteindre son objectif

Recherchez les quatre éléments clés

Pour une meilleure performance, pour bien vivre et atteindre votre objectif dans la situation ciblée, vous devrez rechercher quatre éléments dans vos **souvenirs**. Dans le passé, rappelez-vous un événement au cours duquel ces quatre états d'esprit étaient très **présents :**

1- Le calme

Cela peut être un esprit ou un endroit calme. Vous en avez besoin pour avoir l'esprit lucide.

2- La confiance en vous

Avoir confiance en soi est important pour oser faire un pas en avant.

3- La détermination

Ceux qui sont concentrés et ont suffisamment de détermination vont toujours de l'avant malgré les obstacles.

4- L'énergie positive

Il s'agit d'émotions positives, d'affirmations positives ou d'une simple pensée positive qui vous motive.

Visualiser les effets de la confiance en soi, du calme, de la détermination et de l'énergie au plus profond de vous est **important.** Cela devrait stimuler votre **visualisation créative et vous aider à atteindre votre objectif.**

❖ **Améliorer la visualisation en songeant à l'imprévu**

Vous pouvez utiliser votre imagination pour visualiser l'exemple d'une situation qui se déroule parfaitement bien jusqu'à ce que quelque chose vienne la perturber. Elle prend alors une **tournure complètement différente.** Votre questionnement doit alors se concentrer sur cet **élément perturbateur.**

Vous devrez ensuite le visualiser, le visualiser mentalement, mais **posez-vous d'abord ces questions :**

- Quel est cet événement ?
- Sur quoi souhaitez-vous porter votre attention à cet instant précis ?
- Comment pourriez-vous réagir ?

Pour faciliter la **visualisation**, trouvez en vous, dans **vos souvenirs**, une situation similaire qui s'est bien déroulée et pensez à **visualiser les résultats** pour la situation initiale.

Votre exercice de visualisation consiste alors à vous rappeler si vous avez déjà **vécu une situation tendue avec une personne**, par exemple, au cours de laquelle vous êtes resté absolument calme.

S'il s'agit d'un événement comme la **prise de parole en public**. Pensez à ce moment où vous avez **parlé avec assurance** devant de nombreuses personnes.

S'il s'agit d'un cas de **négociation**, rappelez-vous ces moments où vous êtes **resté déterminé** et **confiant**… Demandez-vous à quoi vous avez pensé juste avant l'entretien ? Quelle stratégie avez-vous adoptée ? Votre attention était-elle **focalisée** sur quelque chose en particulier ?

- ❖ **L'ancrage est l'étape incontournable d'une bonne visualisation**

Vous venez de visualiser les étapes, il est maintenant temps de choisir **un raccourci**. Vous avez atteint le stade de **« l'ancrage »**, sinon vous ne vous souviendrez pas de l'état de vos ressources lorsque vous en aurez besoin. C'est la partie **la plus puissante de votre visualisation**.

La création d'un raccourci consiste à écrire un geste tagué, un mot, ou à visualiser des images (mais limitez-vous à une image) qui serviront de **« tag »**. Ce tag vous rappellera immédiatement l'état de cette **ressource interne**.

La répétition de l'ancre vous fera gagner du temps pour faire remonter cet état associé à des comportements **positifs** ou **épanouissants**. L'ancrage devient **plus efficace** si vous pouvez visualiser ce mot, cette image ou ce geste particulier encore et encore. Par conséquent, vous n'aurez besoin que d'une minute pour vous **concentrer sur votre respiration et sur cet élément de raccourci**. Vous serez alors prêt à entreprendre une action positive, et vos chances de réussite augmenteront.

□ **RETENEZ BIEN**

Dans le futur, si vous voulez ressentir cet état **intérieur de sérénité**, de confiance, d'énergie et de calme, il suffit de respirer doucement, d'essayer de visualiser le geste, l'image, le mot ; ce sera **facile à visualiser**. Cet ancrage pourra **influencer** vos actions à tout moment, il vous suffit de le reproduire.

4 – 5 La synchronisation

La synchronisation est une technique qui peut se manifester à deux niveaux, soit **verbal**, soit **non verbal**. C'est la manière qu'un individu adopte pour montrer (ou non, c'est la désynchronisation) son accord, ou une certaine confiance dans la relation, ou un certain **« sentiment de compréhension mutuelle »**. La synchronisation des mouvements, par exemple, consiste à **imiter les mouvements** et **les attitudes de l'interlocuteur**, qui ressentira ainsi de la sympathie et de l'accord.

☐ **EXEMPLE**

La danse en couple est l'exemple le plus représentatif de la synchronisation des mouvements : le rythme, la fluidité et les gestes se correspondent plutôt que de s'imiter. La synchronisation n'implique pas **une position dominante**, mais plutôt **un échange**. Elle est un **témoignage non verbal** de l'acceptation de l'un par l'autre. La synchronisation de la parole est similaire. Cet accord concerne autant le débit de la parole, la force de la voix et sa hauteur (plutôt basse ou plutôt haute, par exemple) que les formules utilisées. Selon la programmation neurolinguistique, cette capacité de concordance est très naturelle puisque les enfants imitent leurs parents, par exemple.

4 – 6 Le *pacing*

Le *pacing*, c'est-à-dire que vous allez continuer à moment, à **être comme votre interlocuteur**, à être dans sa carte du monde, à utiliser les mêmes termes (prédicats), etc. Et, à un moment donné, un **climat de confiance** s'établit, ou le courant passe. Il se sent écouté, compris, rassuré…

Dans la méthode *pacing*, la personne qui veut diriger aligne consciemment ses comportements sur ceux des personnes qu'elle dirige. Ce faisant, elle essaie de **gagner la confiance de ces personnes**. Cela peut être fait (selon la PNL) aux niveaux suivants :

- **Langage corporel :** ajustement de la posture, des gestes et du rythme respiratoire
- **Expressions faciales :** alignement des expressions du visage
- **Voix :** alignement du ton de la voix, du volume et du débit de la parole
- **Langue :** utilisation de mots similaires

☐ **RETENEZ BIEN**

Selon la PNL, une fois que la **« confiance »** est établie, on dit que les gens sont dans une relation. Le terme **« rapport »** signifie alors que le **langage corporel**, les expressions faciales et la voix des personnes concernées sont très similaires et que, par conséquent, les personnes se font **inconsciemment confiance**.

4 – 7 Le matching

Le mirroring et le matching sont deux techniques de programmation neurolinguistique utilisées pour établir un **rapport au niveau inconscient**. Cela est possible en devenant comme la personne avec laquelle vous devez établir une connexion.

Il est conseillé d'être discret lors de l'utilisation des techniques de matching. Vous pouvez retarder une action de **quelques secondes**. Par exemple, si la personne change de position, vous pouvez la faire correspondre en changeant de position après un certain temps.

D'autre part, le matching n'est pas un **reflet exact** de l'autre personne, selon les cours de neurolinguistique. Par exemple, si une personne croise sa jambe gauche sur sa jambe droite, vous serrez en correspondance avec cette personne même si vous croisez votre jambe gauche sur votre jambe droite.

☐ **RETENEZ BIEN**

Le mirroring croisé est également une forme de technique d'appariement. Alors que le mirroring est un reflet précis, le matching est une image **plus générale** de l'autre personne. Lorsque vous faites **correspondre** les mots d'une autre personne, vous n'utiliserez pas les mots exacts de l'autre personne. Au lieu de cela, vous essaierez d'utiliser des mots **similaires** pour transmettre le sens.

4 – 8 Le leading

Dans ce contexte, la personne qui a gagné la **« confiance »** d'une personne grâce au pacing peut passer au leading.
Tout d'un coup, vous **changez de position**, et si la personne se déplace également, vous avez réussi à la **diriger**.

Ce que cela signifie pour nous :

Notre travail repose en grande partie sur la **confiance** que notre sujet place en nous. Par conséquent, nous devons utiliser ces connaissances.

Non seulement lors de la conversation téléphonique initiale et/ou de l'anamnèse, mais aussi pendant la séance.

> **EXEMPLES**
>
> - Dire ce qui est évident.
>
>   « Tu t'assieds ici et tu écoutes ma voix. »
>
> - **Adapter** la respiration du sujet à la vôtre, puis guidez-le vers une respiration calme.
>
> - Se concentrer sur un élément irréfutable (vrai) en dehors de l'attention.
>
> - **Diriger** l'attention sur les sons extérieurs : « Tu entends des sons autour de toi… »
>
> - Puis continuer avec une **réalité différente.**
>
>   « Observez… ce que vous pensez, ressentez, vivez… ».
>
>   Pensée, sensation, émotion… Dans ta tête, dans ton corps… »
>
> - Utiliser un langage **ambigu** avec un **lien illogique** (confusion) dans la même phrase ou séquence de phrases.
>
>   « Vous vous asseyez sur votre chaise, vous écoutez les sons qui vous entourent, peut-être en observant votre main pendant qu'elle flotte

dans cette pièce et peut-être la solution au problème… »

4 – 9 Le BAGEL

Grâce à la programmation neurolinguistique, la communication a été améliorée par le **développement de modèles** qui peuvent être mis en pratique précisément pour obtenir de **meilleurs résultats** dans les relations. L'un de ces modèles est décrit ci-dessous :

Le modèle BAGEL (posture du corps, clé d'accès, gestes, mouvements des yeux, modèles de langage) :

❖ **La posture corporelle**

Les personnes adoptent souvent des postures corporelles **systématiques** et **habituelles** lorsqu'ils réfléchissent ou apprennent. Ces postures nous fournissent de nombreuses informations sur le **système de représentation** qui a été activé chez la personne.

Voici quelques exemples typiques :
- **Visuel :** penché en arrière, la tête et les épaules relevées ou affaissées, respiration superficielle.
- **Auditif :** corps penché en avant, tête inclinée sur le côté, épaules en arrière, bras croisés.
- **Kinesthésique :** épaules et tête baissées, respiration profonde.

❖ **Les gestes**

Les personnes touchent, montrent ou font des gestes qui indiquent l'**organe sensoriel** qu'ils utilisent pour **penser**.

Quelques exemples typiques :
- **Visuel :** toucher ou pointer les yeux ; gestes au-dessus du niveau des yeux.
- **Auditif :** pointer vers, ou faire des gestes près des oreilles ; toucher la bouche ou la mâchoire.
- **Kinesthésique :** toucher la région de la poitrine et de l'estomac ; gestes effectués sous le cou.

❖ **Mouvements des yeux**

Un autre type de mouvement clé est le **mouvement des yeux**. Afin de préparer le système nerveux à **détecter** ou à **récupérer** des **informations**, il existe certains indices qui prédisposent notre **système neurologique**. Par exemple, la position des yeux joue un rôle dans l'organisation **neurophysiologique** qui facilite la représentation ou la récupération d'informations. Si vous voulez améliorer votre volonté de visualiser les choses, d'imaginer quelque chose, vous devez **lever la tête** et **les yeux**.

Dans le modèle de la PNL, les yeux ne sont pas seulement les **miroirs de l'âme**, ils sont aussi des **fenêtres** sur la façon dont une personne pense. Il existe également des moyens d'aider les personnes à se préparer à utiliser leur **système neurologique** pour apprendre.

❖ **Les modèles de langage**

L'un des **modèles fondamentaux** de l'analyse neurolinguistique consiste à rechercher des modèles linguistiques spécifiques, tels que les **« prédicats »**, qui indiquent un système ou une sous-modalité de représentation neurologique spécifique, et la manière dont ce système ou cette qualité est utilisé dans le **programme global de la pensée**.

L'approche de la PNL consiste à **prendre au sérieux** ce que les gens disent à propos de leurs **sentiments**. Si quelqu'un dit « J'ai l'impression que quelque chose se passe », nous pensons qu'il éprouve en fait un sentiment.

Si quelqu'un dit « Je vois ce que vous voulez dire », nous sentons que cette personne construit effectivement **une image basée sur des mots**. De même, si un élève dit : « Je ne comprends pas. Je ne vois pas ce qu'il veut dire », notre interprétation de ses mots serait : « Je ne peux pas me faire une image à partir de ses mots, et tant que je ne me serai pas fait une image, je ne comprendrai pas ».

L'une des **caractéristiques intéressantes** de la PNL est que, dans un sens, nous comprenons littéralement ce que les gens disent. Le langage est souvent un **reflet** ou **un écho direct** du processus neurologique qu'une personne utilise à un niveau plus profond pour **façonner son langage**.

Le modèle **BAGEL** est le modèle des **systèmes de représentation**, qui communique avec le monde par l'intermédiaire des **cinq sens** et nous nous le représentons de la même manière. Chaque individu utilise avec **prédilection** l'un de ces sens pour représenter le territoire.

Les gens ont tendance à utiliser une partie particulière du **système neurologique** plus que d'autres. Certains trouvent facile d'évoquer des **images mentales visuelles**, d'autres trouvent plus naturel d'évoquer des **représentations sonores**. Il y a des cas où le sens émotionnel est plus développé que les autres sens et l'évocation se feront avec les émotions associées à la situation.

Ce sont les trois principaux systèmes de **représentation sensorielle** utilisés et définis par la PNL, les systèmes visuel, auditif et kinesthésique (odorat – goût – sensation – émotions), chacun d'entre eux **codant la représentation de la réalité** d'une manière particulière et étant donc appelé **système représentatif**.

Tous les individus ont un système de **représentation dominant**, qui définit la manière dont nous **communiquons principalement** avec le monde.

La découverte de ce système en soi et chez les autres nous permet **d'améliorer considérablement la communication**.

❖ **Codes d'accès**

Nous appelons **« pensée »** l'information que nous nous représentons intérieurement. Bandler et Grinder ont observé qu'il peut être très utile de **diviser la pensée des gens** selon les différentes modalités dans lesquelles elle se manifeste. Lorsque nous traitons des informations en interne, nous pouvons le faire de **manière visuelle, auditive ou kinesthésique**. Ce mode de représentation interne se reflète dans notre façon de penser, le **langage verbal** et **non verbal** utilisé, les mouvements des yeux, la physiologie, le type de respiration, le timbre de la voix, etc.

Clé d'accès visuel

- Respiration superficielle
- Yeux rétrécis
- Timbre de voix aiguë
- Un rythme plus rapide

Les personnes qui sont **essentiellement visuelles** ont tendance à considérer le monde en images ; elles ressentent une forte connexion avec la partie visuelle de leur cerveau. Ce sont ces images qui **représentent les idées**.

Parce qu'elles essaient de suivre le **rythme de leurs images mentales**, les personnes visuelles parlent souvent rapidement, sans sembler se soucier de ce qui sort. Il s'agit simplement de **mettre des images en mots**. Elles peuvent créer **plusieurs images en même temps**, les déplacer, les synthétiser (joindre plusieurs images ensemble), y ajouter d'autres images, les mettre en séquence, etc. Leurs possibilités sont infinies. Elles travaillent bien avec des **idées abstraites** (mathématiques, domaines comptables, systèmes, résolution de problèmes, etc.) Les personnes visuelles sont des penseurs rapides et **généralement superficiels**.

Code d'accès auditif

- Respiration diaphragmatique
- Froncement de sourcils

- Fluctuation du ton, de la voix et du rythme

Les personnes de **type auditif** ont tendance à être plus sélectives quant au vocabulaire qu'elles utilisent. Elles pensent de **manière linéaire**, une idée à la fois, le processus de réflexion est plus lent, plus profond et plus complet. Ce sont des personnes qui **interprètent bien les textes**, écrivent de manière expressive, s'expriment bien à l'oral. Comme les mots ont une **grande importance** pour elles, elles font attention à ce qu'elles disent et à la manière dont elles le disent.

Clé d'accès kinesthésique

- Respiration abdominale profonde
- Tonalité profonde de la voix
- Un rythme plus lent

☐ **RETENEZ BIEN**

Les penseurs kinesthésiques réagissent principalement aux **sentiments, aux sensations et aux intuitions**. Ils savent davantage par ce qu'ils **ressentent** que par ce qu'ils pensent. Ils s'engagent dans ce qu'ils font et peuvent rester **concentrés** même au milieu de **distractions**.

4 – 10 Le modèle VAKOG

En programmation neurolinguistique, la technique dite des **« canaux sensoriels »** (ou VAKOG, acronyme de visuel, auditif, kinesthésique, olfactif, gustatif ») postule que la relation au monde extérieur passe nécessairement par **au moins un des cinq sens**.

- **Canaux de mémorisation**

Chacun d'eux fonctionne comme un filtre perceptif lié à la **mémorisation**. Avec le temps, chaque sujet privilégie un, voire deux, de ces cinq sens. Chaque individu a un **mode de communication privilégié** et son expression reflète ce fait. Ainsi, dans le modèle VAKOG, le postulat est que ce sont les sens qui mettent le sujet en relation avec l'environnement. Ce modèle dit d'**accès oculaire** est considéré comme simpliste et non scientifique, ne reposant pas sur des **connaissances neurologiques** sérieuses. Son utilisation et son interprétation sont considérées comme abusives. Cependant, selon Mark Evan Furman, des liens peuvent être établis entre les **connaissances actuelles en neurologie** et l'**observation empirique** de la PNL.

La programmation neurolinguistique souffre encore de certaines interprétations approximatives concernant le **comportement de l'appareil visuel** et qu'il est très probable que le modèle PNL des accès oculaires peut être affiné. Néanmoins, avec la version actuelle du modèle d'accès oculaire, la PNL peut déjà réaliser des **changements utiles et importants**.

- **Les mouvements oculaires**

La programmation neurolinguistique considère qu'il existe une corrélation entre les **mouvements des yeux** et les **canaux sensoriels** utilisés dans une stratégie. Pour simplifier, et en prenant le point de vue de la personne face à son interlocuteur, les yeux vont vers le haut lorsque la pensée est relative à une image (visuel), vers l'horizontale lorsqu'elle est relative à un son (auditif) et enfin vers le bas lorsqu'elle est relative à une émotion ou une sensation corporelle (kinesthésique). Ainsi, dans le cas d'un **schéma mental classique** (applicable à 80 % des droitiers et 50 % des gauchers), les yeux de l'interlocuteur vont à sa gauche lorsqu'il relate un fait passé ; en revanche, les yeux de l'interlocuteur vont à sa droite lorsqu'il imagine, invente ou se souvient par **reconstruction du passé**. C'est le cas des personnes malvoyantes à qui on demande un **souvenir visuel** qu'elles sont donc obligées de reconstruire à partir d'autres souvenirs.

Ce modèle ne peut ainsi pas être utilisé comme un **détecteur de mensonges**. Cependant, l'autre personne peut avoir un schéma mental inversé : au lieu de se souvenir avec les yeux à gauche, elle va à droite. Par conséquent, pour connaître le schéma de votre interlocuteur, le PNListe n'a d'autre choix que de **poser des questions** telles que : « Qu'avez-vous regardé à la télévision hier soir ? ». Si la personne interrogée regarde à chaque fois à sa gauche, on peut faire l'hypothèse qu'elle a le schéma classique. Si elle va vers sa droite, il est probable qu'elle présente le schéma inverse. Le kinesthésique fait **référence au toucher**, mais aussi à **toutes les sensations** que l'on peut éprouver à travers le corps.

En ce sens, l'**olfactif** et le **goût** sont souvent abordés de la même manière que le **kinesthésique**, même si les vocabulaires spécifiques peuvent être très différents. Une personne **« visuelle »** est une personne qui privilégie le sens de la vue pour organiser son expérience et pour communiquer. Elle retrouve ses souvenirs à travers **l'impression visuelle** qu'elle en a et s'exprime avec un vocabulaire lié à la vision. Par exemple, une personne qui utilise généralement des expressions telles que « j'imagine que » ou « je vois que » et « c'est clair » est probablement une personne visuelle. Une personne décrite comme **« auditive »** privilégie les **perceptions auditives** pour organiser et accéder à son expérience. Une personne qui privilégie le **canal auditif** associera volontiers un numéro de téléphone à une rengaine, par exemple. Ils utilisent un vocabulaire de **registre auditif**, par exemple, au moyen de formules telles que : « J'entends bien » ou « Ce que vous me dites fait écho ». Les **« kinesthésiques »** sont ceux qui utilisent fréquemment leurs **sensations physiques** (mouvements, postures, équilibre) pour organiser et accéder à leur expérience. Le vocabulaire privilégié fait alors référence à ces domaines : « Gardez les pieds sur terre », « Je m'y retrouve » ou « Cet exemple est frappant ! », « Tout va bien ! » ou « Il n'est pas au mieux de sa forme ».

Selon la PNL, il n'y a pas de bon ou de mauvais canal. Il suffit de prendre en compte le canal que l'interlocuteur privilégie et de s'accorder sur celui-ci pour **améliorer la communication**, puis, si nécessaire, de le **guider vers un autre canal**, de l'inviter à développer ses autres capacités ou à **intégrer de nouvelles stratégies**.

4 – 11 Le modèle Milton

Le modèle de Milton est l'ensemble des procédures de **langage hypnotique** utilisées par Milton Erickson. Richard Bandler et John Grinder les décrivent dans leur livre *Patterns of the Hypnotics techniques of Milton Erickson, vol. 1* (Meta Publication, 1975).

Le modèle de Milton, à l'opposé du **métamodèle** ou **« parler flou »**

Lorsque nous devons **clarifier un objectif**, nous utilisons le **métamodèle de la langue**. Lorsque nous voulons, étant donné cet objectif, présenter les **arguments** qui satisfont à ses critères, nous utilisons l'opposé du métamodèle : le modèle Milton.

Ce modèle présenté par Richard Bandler et John Grinder dans leur livre *Transe-formations Programmation neuro-linguistique et techniques d'hypnose ericksonnienne, Dunod, 2019* établit un code du **langage de la persuasion** basé sur la pratique de Milton Erickson. Nous avons déjà évoqué ce que la PNL doit à ce **« thérapeute extraordinaire »**, notamment pour son **art du langage**.

Le modèle Milton est basé sur l'utilisation d'éléments du **métamodèle** pour le **langage**. Au lieu d'essayer d'éclaircir les zones d'ombre, nous allons délibérément les créer afin qu'elles permettent au sujet de **projeter son expérience** sur elles. C'est une façon de se **concentrer** sur la forme plutôt que sur le contenu, comme le préconise la PNL.

Voici les outils du modèle de Milton :

- **Les nominalisations**

Imagination, liberté, curiosité, bénéfice, intérêt…
Ces mots ont un **grand pouvoir évocateur**, mais manquent de précision, car leur contenu est **très personnel** à chaque individu.

Exemple : Votre imagination vous montre déjà les nombreux intérêts de cet outil.

- **Les verbes**

Les verbes sont rarement **explicites** en eux-mêmes, ils sont plutôt l'**élément dynamique** de la langue et n'ont de sens que dans le **contexte**.

Exemple : Imaginez un instant que cette maison vous appartienne ! Dans cet exemple, le premier verbe est imprécis, mais pas le second !

- **Les noms de catégories**

De nombreux sujets cherchent à s'**identifier à une image** lorsqu'ils prennent une **décision**, cette image valorisée peut être évoquée par un **nom de catégorie**.

Exemple : La majorité des réalistes choisissent cette solution.

- **Les adverbes en « ment » : vraiment, réellement, évidemment...**

Exemple : Vous devriez réellement choisir cette option.
Dans cette phrase, nous ne savons pas ce que « réellement » signifie.

- **Les comparaisons**

Exemple : Vous feriez mieux d'aller voir un expert !

Cette phrase ne précise pas l'autre élément de la comparaison introduit par **« mieux »**, de plus, elle utilise un **nom de catégorie**.

- **Les opérateurs modaux : devoir, falloir, pouvoir…**

Exemples :

- Vous devez savoir qu'il n'y a pas de meilleur moyen de le faire maintenant.
- Vous devez décider par vous-même !
- Vous pouvez encore faire des progrès significatifs.

Ces trois affirmations ne précisent pas ce qui se passerait si la personne ne se conformait pas à leurs **injonctions respectives**.

- **Les généralisations et les quantifieurs universels : on, les gens, personne, tout le monde…**

Exemples :

- On a déjà dû vous en dire beaucoup à propos de cette innovation.
- La première fois qu'on fait appel à un coach, on est un peu déconcerté, puis on découvre les avantages que cela apporte

Dans ces affirmations, il est **impossible de savoir** qui se cache derrière le **« on »**. Ce pronom est principalement utilisé pour parler de soi sans se nommer précisément, tout en évoquant l'**existence de plusieurs personnes** partageant le même point de vue ou la même expérience.

- **Les relations de cause à effet**

Il est souvent **très rassurant** de croire qu'il n'y a qu'**une seule cause pour un effet**, ce qui n'est pas le cas, mais nous voulons tellement y croire que cela **fonctionne très bien** lorsque nous considérons les choses **superficiellement**.

Exemple : Nous avons perdu parce que les autres ont triché, et l'arbitre était de leur côté !

- **La divination**

Exemple : Je sais ce que vous allez penser en découvrant que c'est gratuit !

Comment la personne s'y prend-elle pour avancer cette **affirmation ?** Elle se garde bien de le dire, en fait, elle projette **sa propre pensée**.
Quand on pense à la place de quelqu'un, on se prive de connaître **son opinion** et en **développement personnel** comme en **coaching**, c'est un **piège fréquent et redoutable**.

- **Les adverbes de temps : avant, pendant, après**

Exemples :
- Avant d'essayer ce nouveau service, vous vous posez certainement des questions… Je suis là pour y répondre.
- Durant que vous examinez ce projet, vous imaginez comment vous pourriez en bénéficier.

— C'est après avoir fait appel à l'un de nos coachs que vous vous féliciterez pour votre choix !

Les adverbes de temps utilisés de la sorte réalisent une **structuration causale particulièrement intéressante**. Dans les exemples ci-dessus, le **praticien** souhaite que le sujet pose des questions, imagine, et s'implique davantage dans le **processus en cours**.

- **L'alternative illusoire**

Exemple : Voulez-vous me rencontrer à 4 h ou à 5 h ?

Dans cette tournure de question, **un choix entre deux options** est proposé, mais il exclut, au moins en apparence, la possibilité **d'un troisième choix** (pour l'exemple ci-dessus : je n'ai pas l'intention de vous rencontrer). Cette technique est **particulièrement intéressante** quand nous avons affaire à un **interlocuteur indécis**.

- **Les ordinaux : premier, deuxième, …**

Exemples :
— La seconde fois que je suis allé à Hong Kong.
Cela implique qu'il y a eu **une première fois**.
— Quand vous avez vu cette personne pour la première fois, vous avez éprouvé une impression particulière.

- **Les verbes et les expressions signifiant une prise de conscience : comprendre, réaliser, saisir, découvrir.**

Exemples :

- Vous comprenez parfaitement dans quel sens va votre intérêt.
- Vous êtes en train de découvrir l'une des nombreuses possibilités de notre proposition.
- Vous avez pris conscience des conséquences de votre choix.

Là encore existe une **grande imprécision**, chacun comprend les choses d'une manière personnelle, mais chacun attribue une **signification importante** à l'idée même de **prise de conscience**.

- **Les postulats de la conversation**

On retrouve sous cette expression, des **sous-entendus courants** dans les conversations de tous les jours.

Exemples :

La personne pense qu'il faudrait augmenter le chauffage dans la pièce, mais elle dit :

- Il fait froid ici !

L'objectif est de faire en sorte que celui qui entend ce message comprenne **« à demi-mot »**.

- Vous avez l'heure ?

Si la personne à qui l'on demande cela répond logiquement à la question, elle ne peut dire que **« oui »** ou **« non »**, en général, elle comprend qu'il lui faut donner l'heure.

Les postulats de la conversation s'avèrent très amusants à **détecter** et à **utiliser**, leur aspect souvent **humoristique** permet de **détendre l'atmosphère**.

- **Les restrictions sélectives**

Cela consiste à appliquer les **qualités des êtres vivants** aux **objets**, en termes de **métaprogrammes** confondant la catégorie des personnes avec celle des choses.

Exemples :
- La ville est bien triste en cette saison !
- Vous avez le sentiment qu'on vous a utilisé puis, qu'on se débarrasse de vous quand on n'a plus besoin de vos services.
- Quand le temps est aussi souriant, cela met de bonne humeur !

Ce procédé peut être utile dans la **conversation** pour établir des **relations de cause à effet**.

- **Les citations**

Il peut être utile de faire des citations d'une part si vous êtes sûr que la personne que vous citez représente une **référence** pour l'interlocuteur, si vous citez un **illustre inconnu** cela n'a aucun poids. Vous pouvez également citer des **proverbes**, mais attention à ne pas tomber dans les **truismes lourds**.

Exemple : « le cœur a ses raisons… ». Si vous voulez vraiment vous faire plaisir, n'hésitez pas, vous le regretteriez.

- **Les bonnes histoires de mon ami Gérard**

Exemple : J'ai rencontré l'année dernière une personne qui comme vous se posait beaucoup de questions, quand elle a vu que nous allions y répondre clairement, elle a été rassurée.

Parfois, une **anecdote que l'on raconte** comme si elle nous était arrivée ou arrivée à un ami fait **force de loi** et aide à **convaincre** notre sujet se sent alors **mieux compris**.

4 – 12 Gérer les objections

Gérer l'objection d'un stagiaire ne consiste pas à apporter une **solution concrète**, mais à rester en **« distance »** de l'attaque verbale qu'elle constitue pour le formateur qui la reçoit. Il s'agit d'abord de faire la différence entre une objection et une simple remarque. Puis de comprendre un des principes **sous-jacents** de la PNL, et enfin d'utiliser la **technique verbale appropriée**.

L'objection est différente de la remarque

Une objection est une **opposition verbale**, non argumentée, à une proposition ou une **déclaration** faite par une autre personne. Exemple : « C'est trop difficile ».

Pour la distinguer de la **simple remarque**, nous devons doublement observer :

- s'il y a une forme d'**agressivité** dans le commentaire, qui peut s'exprimer par **une tension corporelle**, un ton de voix **plus secs** ou **plus colérique**, ou à l'inverse une **grande froideur** ;
- et si le commentaire est soumis ou non à des **informations complémentaires**.

Par exemple, un stagiaire qui dit : « Cet exercice est difficile, je ne pense pas être à la hauteur », il exprime ses **propres difficultés**, et cette déclaration ne doit pas être considérée comme une objection, mais comme une **opinion personnelle**.

L'analogie avec le tennis dans la gestion des objections simples avec la PNL

Comme une objection est généralement un **problème mal** identifié, le premier réflexe est de demander à l'**expéditeur pourquoi**. Vient ensuite la question « Pourquoi est-ce trop difficile ? ».

Toutefois, demander la **raison d'un problème** revient à en rechercher **les causes**, et renvoie au passé. Ainsi, le blocage initial est automatiquement renforcé par une **seconde objection** en retour.

Exemple :
Stagiaire : « C'est trop difficile. »
Formateur : « Pourquoi est-ce trop difficile ? »
Stagiaire : « Parce que vos explications sont compliquées. »

Fort de ce constat, le formateur résistera à la tentation d'utiliser le mot **« Pourquoi »**, qui renvoie aux causes du passé, pour amener les personnes à **réfléchir aux conséquences** dans le futur, ou à **chercher des solutions**. Il utilisera donc le pronom **« Comment ? »** ou **« Que ? »**

Exemple :
Stagiaire : « C'est trop difficile ».
Formateur : « Que proposez-vous pour y parvenir ? »
Stagiaire : « Que vous expliquiez mieux. »
Formateur : « C'est-à-dire… ? » ou encore : « Comment voyez-vous la chose ? »

En retournant systématiquement l'objection par un **jeu de questions**, le formateur joue au tennis avec son partenaire de communication (et non son adversaire). Le stagiaire casse une objection, et le formateur **renvoie simplement la balle** pour obliger son partenaire à se repositionner au fond du court de tennis et aussi du **parcours pédagogique**.

5 – Le langage du corps

La communication non verbale ou langage du corps désigne tout échange dans une conversation qui n'implique pas l'utilisation des mots. Elle ne repose pas sur des mots, mais sur des gestes (actions et réactions), des attitudes, des expressions faciales (y compris les micro-expressions) ainsi que d'autres signaux, conscients ou inconscients, comme les odeurs. La communication non verbale concerne également l'environnement, c'est-à-dire le lieu dans lequel se déroulent les interactions.

5 – 1 Langage corporel

Si votre interlocuteur a tendance à **reproduire les mêmes gestes** ou postures que vous, cela prouve qu'il se sent en confiance. C'est dans une atmosphère détendue que la personne en face de vous, vous montre sa **confiance**.

☐ **Un petit test à réaliser :** marchez dans la rue et gardez un petit sourire sur vos lèvres en regardant les gens. Vous remarquerez que de nombreuses personnes vous souriront en retour !

En réalité, presque chaque centimètre carré de notre peau **envoie un message**. Mais de toute évidence, les mains, les yeux, les membres inférieurs et supérieurs, les pieds, la bouche, etc., **trahissent le plus souvent** vos pensées.

Se pincer les lèvres, se gratter le front, se tordre les doigts, parler avec les mains, jouer avec les sourcils, etc., toutes ces habitudes sont aussi des messages. En étudiant un peu les codes du **langage corporel**, il est possible de savoir si l'interlocuteur ment, s'il est embarrassé, triste, etc.

Tous ces gestes peuvent être **associés à des automatismes**, mais ils trahissent en réalité un signe transmis par le corps.

5 – 2 L'expression faciale

Les expressions du visage sont associées à la perception de la confiance. Vous pouvez influencer votre image de confiance, mais pas de compétence.

- **Le contact visuel**

Habituez-vous à regarder le visage de votre interlocuteur dès que vous vous trouvez en face de lui. Établir un **contact visuel** signifie que vous êtes **attentif** à la discussion.

Le contact visuel vous permettra également de **scruter les réactions** de votre interlocuteur. Par exemple, n'oubliez pas de sourire en réponse à leurs sourires. Attention toutefois, un contact visuel trop prolongé peut être inconfortable ou interprété comme un acte de séduction… On estime que le temps idéal se situe entre **deux et trois secondes**.

Si vous avez du mal à établir un contact visuel, commencez par **fixer les pupilles** de votre interlocuteur ou l'**arête** de son nez pendant un moment et souriez, puis déplacez votre regard autour des yeux, du nez, du front, etc. Puis revenez aux pupilles et souriez.

- **Le sourire**

Souriez automatiquement lorsque vous rencontrez quelqu'un. Avez-vous envie de parler à quelqu'un qui a l'air de sortir d'un enterrement ? En bref, même si vous êtes déprimé, fatigué… **SOURIEZ !**

Cela ne signifie pas que vous devez garder un sourire suffisant sur votre visage. Chaque fois que vous croisez quelqu'un et que vous voulez envoyer le signal **« je suis content de te voir et je suis ouvert à la communication »**, souriez. Il s'agit d'une règle très facile à appliquer et qui améliorera très rapidement votre contact avec les autres.

- **Les menteurs mis à jour**

« Les yeux ne mentent pas », dit le proverbe. Et c'est vrai. Il est simple de repérer un menteur en regardant ses yeux. Il suffit de regarder la **direction des yeux** pendant que l'autre personne parle. Si elle regarde **vers la droite**, il y a de fortes chances qu'elle vous mente.

Une personne qui ment va également ressentir une **augmentation de sa température corporelle**. Elle peut retirer le col de sa chemise de son cou, se gratter l'arrière du cou ou commencer à **rougir**.

Tous les gestes considérés comme dérangeants sont des signaux de mensonges potentiels. Bien sûr, si et seulement s'ils ne sont pas habituels chez votre interlocuteur.

- **Les émotions** sont largement véhiculées par les yeux et la bouche et les traits du visage ne font que les amplifier. Un regard peut être intéressé, absent, affectueux, haineux, douteux, curieux ou anxieux et tout cela, nous pouvons le savoir en quelques fractions de seconde.
- **Intérêt/curiosité :** les yeux sont éveillés et ouverts et regardent calmement les personnes qui parlent ou l'objet dont il est question pour enregistrer toutes les informations de manière concentrée. Mais attention : si le contact visuel dure trop longtemps, les autres risquent rapidement de le trouver désagréable ou intrusif.
- **Désintérêt :** le regard vagabonde dans la pièce ou aux alentours et s'arrête occasionnellement sur d'autres personnes ou événements. Un regard immobile et dans le vague indique que quelqu'un s'est replié sur lui-même et est plongé dans ses pensées.
- **Surprise :** les yeux sont écarquillés et les sourcils haussés.
- **Colère :** les yeux sont plissés, les sourcils froncés et le front ridé.
- **Doute :** le regard est concentré, mais les yeux sont agités, car la personne qui écoute réfléchit en même temps pour savoir si elle peut croire ou non ce qui est dit. Selon l'attitude par rapport à ce qui est dit, les sourcils peuvent bouger vers le haut par surprise ou se contracter par colère.

- **Peur :** lorsque l'on ressent de la peur, les yeux sont écarquillés également, mais en même temps les pupilles sont grandes ouvertes pour ne manquer aucun détail de la menace.

5 – 3 Les gestes et les mouvements

Avec la PNL, nous expérimentons l'interdépendance entre nos processus internes (la pensée), nos états internes (nos ressentis et émotions) et nos comportements externes (verbaux ou non verbaux). Notre manière de penser se traduit par notre manière d'agir et de nous exprimer. Nous oublions parfois que l'inverse est également vrai. Notre manière de nous tenir, de bouger et de nous asseoir peut modifier notre manière de penser et de nous exprimer. C'est là un moyen simple d'accroître notre efficacité dans de nombreuses situations.

- **La contrariété**

Cette affection a tendance à coïncider avec la **contraction des vaisseaux sanguins du nez**. Il en résulte une envie de **se gratter** à laquelle il est difficile de résister. C'est pourquoi une personne gênée se touche souvent le nez.

- **Se recentrer sur la conversation**

Si vous voyez l'autre personne **remettre une mèche de cheveux en place** ou la placer derrière son oreille, etc., il se peut que ce geste ait un rapport avec le fait de mettre de l'ordre dans ses pensées pour recentrer le sujet de la conversation. Si vous êtes attentif, vous remarquerez que ce geste est généralement effectué au cours d'une conversation et très rarement à la fin d'une phrase.

● Garder le contrôle, se canaliser

Un **pied qui balance ou qui tremble**, des jambes qui changent régulièrement de position, etc. sont un signe d'agitation, contrecarrant la retenue du visage et des mains. Lorsqu'une personne est nerveuse, mais qu'elle tente de le cacher, elle expulse naturellement le contrôle de sa nervosité vers ses membres inférieurs.

● L'ennui exprimé

Comme pour le maintien du contrôle, l'ennui est trahi par des **jambes qui bougent ou des pieds qui dansent nonchalamment**. De même, une tête qui s'enfonce dans la main qui la soutient montre à quel point la personne s'ennuie.

● La supériorité

Quelqu'un vous parle-t-il en formant un **V avec ses doigts et en pointant ses mains vers le haut ?** Sachez que le langage corporel de cette personne indique qu'elle se sent supérieure à vous. Très confiante, elle essaiera d'étaler ses connaissances pour vous montrer qu'elle maîtrise son sujet. De nombreuses personnalités politiques sont expertes en la matière !

- **Le manque de confiance ou l'intimidation**

Les personnes qui gardent les **jambes croisées** sont presque toujours sur la défensive. Quant aux personnes ultra-souples, qui parviennent à **croiser les jambes et les chevilles**, cela indique qu'elles ont très peu confiance en elles et sont très réservées.

Il en va de même si votre interlocuteur se coince entre ses jambes. Cela exprime un besoin de canaliser son anxiété ou son manque de confiance.

- **Quand le corps exprime la nervosité**

Jouer avec ses doigts est une chose que vous devez éviter de faire pendant un entretien d'embauche. C'est un signe de nervosité permanente et/ou de trac. Les personnes anxieuses canalisent leur anxiété en jouant avec leurs doigts ou d'autres objets. C'est pourquoi on trouve des stylos, des lunettes ou même des trombones sur les bureaux lors des entretiens d'embauche !

☐ LES MOUVEMENTS DES YEUX EN PNL

La PNL découpe les mouvements des yeux en six directions. Chaque direction est associée à une clé d'accès sensorielle. L'acronyme VAKOG « Visuel, Auditif, Kinesthésique, Olfactif, Gustatif » est souvent utilisé pour évoquer ces clés sensorielles d'accès.

En haut à droite = visuel construit. La personne imagine, construit une nouvelle image.

Par exemple, imaginer sa grand-mère en train de sauter en parachute.

En haut à gauche = visuel remémoré. La personne se souvient d'une image connue.

Par exemple, se souvenir de son dernier cadeau d'anniversaire.

Latéralement à droite = auditif construit. La personne construit un nouveau son.

Par exemple, imaginer le son d'un mot à l'envers.

Latéralement à gauche = auditif remémoré. La personne se souvient d'un son.

Par exemple, l'ancienne sonnerie de son portable.

En bas à droite = kinesthésique. La personne fait attention au toucher, aux sensations.

Par exemple, remarquer la température de ses doigts.

En bas à gauche = auditif interne ou dialogue interne. La personne se parle intérieurement.

Par exemple, se demander ce que l'on veut faire.

5 – 4 Les contacts

Lors des accompagnements PNL divers et variés en France, les contacts physiques sont relativement restreints. Cependant, au-delà des mouvements et postures physiques, la poignée de main révèle l'attitude de votre interlocuteur.

Plus précisément, en observant plus en détail, la poignée de main peut traduire trois états d'esprit. Les voici (et vous allez voir, il est facile de faire la différence) :

- **Dominant :** « Cette personne essaie d'avoir le dessus sur moi. Je vais donc rester sur mes gardes et couvrir mes arrières. »
- **Soumis :** « Je peux avoir le dessus sur mon interlocuteur. Cette personne fera ce que je veux. »
- **Égalité :** « Je me sens à l'aise avec cette personne. Je ne vois aucun conflit potentiel. »

L'attitude dominatrice se voit lorsque la main se positionne d'une façon telle que la paume est dirigée vers le sol. Le message envoyé est le suivant : « elle souhaite prendre l'ascendant sur son interlocuteur ».

L'opposé du caractère dominant est de proposer la main avec la paume vers le haut. C'est une position qu'il est judicieux d'adopter lorsqu'une personne souhaite présenter des excuses sincères à quelqu'un. De cette manière, l'autre personne se sent responsable de la situation et de bonnes bases sont établies en vue d'une réconciliation.

Maintenant l'attitude neutre, celle qui ne tend ni vers la domination ni vers de la soumission. Elle se traduit par une poignée de main où chacune des paumes est en position verticale par rapport à l'autre. Ceci crée de cette manière un sentiment d'égalité et de respect. C'est cette poignée de main que vous faites habituellement avec vos amis.

5 – 5 Les vêtements

La tenue vestimentaire peut refléter le **statut social**, bien que cela puisse être largement trompeur. Là encore, il faut adapter son sens de l'observation au contexte, mais nous pouvons convenir que tout le monde ne porte pas un costume au travail. Cela peut nous en dire un peu plus sur la profession de la personne et son niveau de responsabilité. Et sinon, en savoir plus sur son **mode de vie**, son niveau d'**exigence** envers elle-même ou l'**image** qu'elle veut donner.

Hypothèse basée sur les vêtements

Selon l'**emploi** occupé par une personne, si elle est maçon ou peintre, on s'attend à ce qu'elle porte des vêtements de travail sales et usés. Si la personne a un emploi de bureau ou occupe une position élevée, on attend d'elle qu'elle porte des vêtements qui montrent qu'elle a une certaine **notoriété**, voire une **supériorité**.

Les politiciens

Les hommes politiques portent souvent des vêtements en rapport avec leurs **fonctions**, pour être pris au **sérieux**, ils ne vont évidemment pas porter des habits de clown ! Ils sont généralement habillés en **costume**. Leur but est d'**impressionner, de s'affirmer**. Cependant, il est fréquent que les hommes politiques utilisent les vêtements pour **influencer la population**, ils porteront donc une chemise avec un jean. Des vêtements classiques et passe-partout, ce qui leur permettra de faire diffuser un signe d'égalité auprès de la population.

Les vêtements et l'héritage culturel

Les vêtements permettent également d'identifier un **héritage culturel**, qu'il s'agisse des vêtements **typiques** de certaines régions, pays ou cérémonies. Habituellement associée à l'héritage culturel, la **psychologie** en subit l'influence. Tous ces signes nous donnent des indications sur l'individu, sa **« façon de penser »** et peuvent naturellement être associés à la communication non verbale.

L'adolescence

On parle tous de **« crise d'adolescence »** ! En effet, c'est durant cette période que les jeunes hommes et femmes tentent de s'**exprimer**, de sortir du lot et de dire « je suis un individu à part entière, je suis aussi un adulte ».

C'est un effet qui dure depuis plus d'un demi-siècle, car c'est au début des années 1950 que les adolescents ont commencé à se **rebeller contre le conformisme**. Autour des années 1960, les jeunes tentent d'affirmer leur personnalité, leurs opinions politiques et sociales, par leur habillement. Ils portent différentes tenues de celles de leurs aînés et surtout de leurs parents, pour proclamer leur indépendance morale, sociale, politique et culturelle, prouvant ainsi que leur génération est beaucoup plus **moderne**.

Ce phénomène est encore observé aujourd'hui sur tous les adolescents du monde moderne,

dans les pays développés, et il en est de même maintenant dans les pays émergents.

6 – La PNL vous aide

Le champ d'application de la PNL est très vaste et touche aussi bien la sphère privée que professionnelle. Elle peut être efficace pour **résoudre des problèmes de comportement** (addictions diverses, anorexie, boulimie, timidité excessive, solitude, procrastination…), pour **surmonter des épreuves** (deuil, rupture, licenciement…), mais aussi pour **atténuer des soucis de santé** (phobies, stress, dépression, dyslexie, insomnie, maladies psychosomatiques…).

Pratiquée par de nombreux thérapeutes, elle est également utilisée par des coachs, managers, formateurs… pour renforcer la confiance en soi et la motivation des personnes dans le cadre du travail, pour les aider à **améliorer leur capacité d'apprentissage** et à **stimuler leur créativité**.

6 – 1 Dans la vie privée

Il est clair, cependant, que nous pouvons **« abuser »** de l'espoir ; beaucoup d'entre nous vivent dans un **« état d'espoir »**, c'est-à-dire dans l'attente que quelque chose se produise, mais nous ne prenons pas vraiment la responsabilité d'accepter et d'inviter le changement que nous attendons. Nous devons alors nous éduquer pour avoir la force de **« permettre le changement »** et sortir de notre passivité pour enfin découvrir la meilleure version de nous-mêmes. Lorsque nous apprenons à agir sur ce qui est important pour nous, l'espoir devient conviction et nous commençons à vivre notre rêve.

Il existe au moins **quatre étapes clés** pour entreprendre un parcours de changement personnel :

1- Assurez-vous d'être précis par rapport à ce que vous voulez

Pourquoi le voulez-vous ? Comment vous sentirez-vous lorsque vous l'aurez atteint. Quels moyens utiliserez-vous pour commencer le processus d'atteinte de votre **objectif**.

2- Visualisez votre objectif tout en étant dissocié

Autrement dit, comme si vous étiez au cinéma et que vous vous voyiez sur le grand écran en train d'atteindre votre objectif.

3- Connectez votre objectif à vos propres valeurs

Quel est votre grand pourquoi. Assurez-vous qu'il s'agit de votre objectif, de votre rêve, et non de ce que d'autres personnes ou la société voudraient que vous réalisiez.

4- Élaborez un plan détaillé

Et un calendrier des actions nécessaires pour atteindre votre objectif.

Nous allons maintenant voir comment vous pouvez fixer des objectifs bien formulés et réalisables en utilisant la programmation neurolinguistique (PNL).

- **Focalisez votre attention sur ce que vous voulez, pas sur ce que vous ne voulez pas**

Votre objectif doit être formulé en termes de ce que vous voulez obtenir. Autrement dit, il s'agit de le formuler de **manière positive**.

Ce qui **motive** la plupart d'entre nous n'est pas tant l'objectif lui-même que l'idée d'arrêter quelque chose dont nous sommes lassés. Nous avons donc tendance à formuler nos objectifs de manière négative :

- « Je ne veux plus être gros et pas attirant. »
- « Je ne veux plus avoir du mal à payer mes factures. »
- « Je ne veux plus être seul. »

Le problème est que plus vous vous concentrez sur ce que vous ne voulez pas, plus ce que vous ne voulez pas se **cristallisera** dans votre vie. Ainsi, plus vous voulez vous en **débarrasser**, plus vous le ferez **persister**.

Si vous voulez aller de l'avant et sortir de l'impasse, il est important de formuler votre objectif de manière positive :

- « Je veux être en forme et me sentir attirant. »
- « Je veux avoir un surplus d'argent pour financer mes passions. »
- « Je veux rencontrer de nouvelles personnes positives, et peut-être parmi elles, la bonne personne pour moi. »

- **Sachez reconnaître quand vous avez atteint votre objectif**

Vous devez avoir une **image claire de vous-même** ayant atteint votre objectif. Votre cerveau vous aidera naturellement en dirigeant votre attention vers les **opportunités** qui vous permettront de réaliser ce que vous **avez visualisé**. Vous serez facilement attiré par certaines personnes, certains lieux et vous vous comporterez de manière plus cohérente avec votre rêve.

Si vous voulez adopter un **comportement conforme** à votre désir d'être une personne en forme et séduisante, par exemple, vous allez probablement adopter un mode de vie plus sain, pratiquer une activité physique, soigner votre alimentation, changer de style, acheter de nouveaux vêtements qui vous font sentir mieux dans votre peau, vous rapprocher de nouvelles personnes, vous créer une nouvelle identité…

Il ne s'agit pas seulement de penser à quelque chose que vous désirez, mais de **changer activement** vos schémas de pensée, de les remplacer par une nouvelle façon d'être, de vous immerger dans votre rêve au point de devenir enfin différent.

- **Décidez où et quand vous atteindrez votre objectif**

Il est important d'être très précis, de spécifier quand et où vous serez lorsque vous l'aurez atteint, mais seulement si cela ne vous rend pas anxieux, car sinon ce serait **contre-productif**.

Pour reprendre l'exemple précédent, vous pouvez spécifier que vous voulez vous sentir en forme et énergique lorsque vous sortez avec des amis et que l'un d'entre eux vous dit que vous êtes très en forme.

Vous voulez vous rendre compte que vous attirez des regards, des regards intéressés, comme jamais auparavant et ainsi vous sentir **attirant**.

- **Assurez-vous de choisir un objectif que vous pouvez atteindre**

De nombreux rêves ne sont que des rêves, car ils échappent à notre contrôle. C'est le cas par exemple lorsque nous voulons que quelqu'un d'autre change.

Nous pouvons **influencer** les autres, négocier avec eux, discuter avec eux, mais nous ne pouvons pas les contrôler. Cela est vrai lorsque nous voulons que quelqu'un d'autre fasse quelque chose pour nous (par exemple : « Je veux que mon ex décide de se remettre avec moi ») ou lorsque nous voulons que quelqu'un d'autre fasse quelque chose pour lui-même (par exemple : « Je veux que ma fille soit enfin heureuse dans sa vie »).

N'oubliez pas que vous êtes **responsable à 100 %** de vous-même.

- **Faites attention aux avantages, mais également aux désavantages liés à votre objectif**

Lorsque nous nous concentrons sur un **objectif**, nous pouvons commettre l'erreur de ne pas considérer les **aspects négatifs** de la réalisation de cet objectif. Or, les prendre en compte peut nous aider à comprendre ce qui est vraiment important pour nous et peut-être nous amener à modifier notre objectif.

Par exemple, si vous souhaitez doubler vos revenus dans les douze prochains mois en développant une **nouvelle activité** pendant votre temps libre, cela signifie que vous risquez de voir beaucoup moins vos amis durant ces douze premiers mois d'activité, que vous aurez moins de temps pour votre famille, pour faire du sport ou pour pratiquer vos passions. Vous avez alors deux options : 1) vous en tenez compte et décidez de **développer votre projet** en acceptant son coût, qui ne vous surprendra pas, ou 2) vous modifiez simplement votre objectif pour le rendre plus compatible avec le mode de vie que vous souhaitez mener en décidant, par exemple, d'atteindre votre objectif en trois ans au lieu d'un.

- **Votre objectif doit valoir la peine d'être atteint**

Votre objectif doit être lié à vos valeurs. Vous devez être capable de répondre à la question « pourquoi » au moins 5 fois afin de comprendre si c'est quelque chose qui vous appartient vraiment.

Dans l'exemple précédent, si l'amitié et la famille sont des valeurs auxquelles vous tenez plus que le succès, vous devez d'abord vous assurer que vous aurez suffisamment d'occasions de voir vos amis et votre famille au fur et à mesure que vous progresserez vers votre **objectif entrepreneurial**.

6 – 2 Au travail

La PNL a une place de choix dans la **boîte à outils de l'accompagnateur** de développement professionnel, à tout moment de la carrière. Dans **le monde de l'entreprise, elle est**

fréquemment recommandée à la direction dans le cadre d'un programme de formation.

Dans cette position hiérarchique, qui n'est pas toujours facile à vivre, il est essentiel de se former afin de développer le **leadership** et les *soft skills*, ces **compétences comportementales** souvent innées, mais qui peuvent être cultivées !

De fait, cela permet de :
- mieux communiquer et pratiquer l'écoute active ;
- éviter les situations difficiles et les conflits internes ;
- s'organiser et viser une meilleure gestion du temps ;
- savoir motiver les collaborateurs…

La PNL favorise les relations humaines professionnelles !

Elle vient le plus souvent au **secours des salariés** lors d'un bilan de compétences, d'une VAE ou d'une reconversion professionnelle. Cependant, de plus en plus d'entreprises font appel à un coach dès la prise de fonction de leurs cadres pour **améliorer leur motivation**. Ces derniers prennent alors leur poste avec empathie, pédagogie et sens du relationnel, des qualités recherchées !

6 – 3 Dans la communication

La communication est le **pilier fondamental de toute relation**. Elle révèle les véritables intentions et sentiments de chaque personne, à moins qu'elle ne soit mal utilisée.

Communiquer n'est pas toujours simple en raison des siècles de restriction de certains mots, qui ne faisaient qu'exprimer des émotions **authentiques**. Être triste n'est pas bon, être en colère est mauvais, surtout pour les femmes (mieux accepté pour les hommes), demander de l'amour est fragile, etc.

Des jugements ont été attribués à **nos émotions** et nous empêchent aujourd'hui de les exprimer par l'habitude de ne pas les exprimer, ou de les exprimer de manière **détournée**.

Communiquer n'est donc plus quelque chose de **simple** et doit être **réappris**.

Ceci est particulièrement visible dans le contexte des **relations sentimentales**. Nous vivons à une époque où de plus en plus de couples se forment, mais aussi se séparent… Et nous pouvons dire que le manque de communication en est la cause. Comment voulez-vous que l'autre personne vous connaisse si vous avez peur qu'elle vous connaisse ? Et comment pouvez-vous savoir si l'autre vous aime bien s'il ne vous le dit pas ?

La PNL a retenu un principe : **« La carte n'est pas le territoire »**. Alfred Korzybski, Science and Sanity, 1933

Cela signifie que l'autre personne ressent, interprète et s'exprime d'une manière différente de la vôtre. En **être conscient** et l'accepter signifie être prêt à faire l'effort de s'**ouvrir au monde intérieur** des personnes avec lesquelles vous interagissez. Si un pas est fait de votre part, l'autre personne vous le rendra. La PNL vous apprend à le faire.

Quand on rencontre une personne ou un couple **« au bord de la rupture »**, nous trouvons rapidement le problème !

6 – 4 La relaxation

La PNL est un ensemble de techniques de communication et de thérapies brèves qui permettent de déclencher des changements. Son utilisation est très efficace pour gérer le stress ou l'anxiété, ce qui en fait un **outil de relaxation essentiel**.

La **technique de relaxation** issue de la PNL a l'avantage d'être efficace dans les situations de stress ou d'anxiété, mais vous pouvez également l'utiliser pour une séance de relaxation. Dans la dernière étape, une astuce vous permettra de trouver un état de **relaxation instantané**, sans reproduire l'ensemble de la technique.

Voici les trois étapes pour se relaxer :

1- Déterminez votre sensibilité

La relaxation ne passe pas par les mêmes **canaux sensoriels** pour tout le monde. Chaque personne est différente, et chaque personne doit trouver ce à quoi elle est sensible pour **se relaxer**. En PNL, on distingue trois canaux sensoriels :
  - Le canal visuel (sensible à la vue)
  - Le canal auditif (sensible aux sons)
  - Le canal kinesthésique (sensible au toucher, aux odeurs)

Pour trouver votre sensibilité, revenez à un **souvenir agréable**. Faites attention à la façon dont ce souvenir se matérialise : avez-vous des images, des sons ? Ressentez-vous davantage les sensations, le souvenir des odeurs ?

- Une personne visuelle revivra ses souvenirs sous forme d'images ou de films.
- Une personne auditive notera la présence des sons dans ses souvenirs.
- Une personne kinesthésique se rappellera des sensations du toucher, du goût ou des odeurs.

Il n'y a pas de règle à suivre, vous pouvez être sensible à plusieurs canaux ou à un seul. L'important est que vous en preniez conscience, afin de pouvoir vous **plonger dans la relaxation**.

2- Expérimentez votre expérience ressource

Pour générer un état de relaxation, trouvez dans votre passé une situation où vous vous êtes senti **détendu, relaxé ou serein**. Ne cherchez pas un moment de grande intensité : un moment, même court, de détente ou de sérénité sera parfait. Veillez à ce que ce moment soit totalement positif, car il sera votre expérience de référence.

Plongez dans ce souvenir, les yeux fermés, en utilisant les **canaux sensoriels**. Pour faire remonter l'état de relaxation, revoyez les détails de votre souvenir.

- Les visuels seront attentifs aux détails des couleurs, de la luminosité. Ils prêteront attention à tout ce qu'ils voient dans ce moment de relaxation.
- Les auditifs écouteront les particularités des sons qui génèrent de la détente.
- Les kinesthésiques se demanderont quelles étaient les sensations qui ont contribué à cet état de relaxation.

Portez une attention particulière à l'expérience que vous revivez. En vous plongeant dans votre mémoire, l'**état de relaxation** viendra tout seul, car vous n'avez pas besoin d'essayer de le trouver d'abord. Expérimentez cette étape jusqu'à ressentir la sensation d'apaisement en vous.

3- Procédez à votre auto-ancrage

Une ancre PNL vous permet d'associer **un geste à une émotion**. Chaque fois que vous avez besoin de ressentir un **état de relaxation**, il vous suffit de répéter le geste associé.

Voici comment ancrer votre état de relaxation :

- Choisissez le geste qui sera associé à votre ancrage. Vous pouvez serrer votre poing ou faire une pression sur un doigt, sur votre oreille.
- Plongez-vous dans votre expérience ressource comme indiqué à l'étape 2.
- Laissez grandir en vous la sensation de relaxation.

- Une fois plongé dans cet état émotionnel, effectuez le geste choisi pour l'associer au ressenti.
- Relâchez tout et ouvrez les yeux. Pensez à toute autre chose pour sortir de l'état de relaxation.
- Testez votre ancrage en fermant les yeux et en reproduisant votre geste. La sensation remonte toute seule.

L'intérêt de l'**ancre en PNL** est qu'une fois qu'elle est placée, vous n'avez plus besoin de répéter les étapes précédentes pour vous détendre. Il suffit de répéter le geste associé pour retrouver un **état de détente**.

Vous pouvez maintenant expérimenter cette technique pour **accroître votre bien-être**. Plus vous pratiquerez les trois étapes, plus vous serez à l'aise pour répondre à votre **besoin de relaxation**.

6 – 5 Les phobies

Une phobie est une peur irrationnelle, anormale, incontrôlée et paroxystique, déclenchée par un objet, un animal ou une situation. L'intensité de la peur est **disproportionnée** par rapport à l'**élément déclencheur**. C'est ce décalage, cette démesure qui caractérise la phobie. Évidemment, on ne parle pas de phobie si le danger est réel. Avoir peur d'un animal dangereux est normal et même protecteur.

Avoir une peur des mouches est une phobie

Par exemple, l'agoraphobie est la peur panique des foules, la peur d'être dans un grand magasin, dans un lieu public, entouré par la foule.

Parmi **les phobies**, on peut citer : les phobies animales (souris, serpents, araignées…), les phobies situationnelles (peur des lieux fermés comme les ascenseurs, les tunnels, peur des hauteurs, d'aller sous l'eau, de voler…), les phobies sociales (peur de parler en public, agoraphobie, peur de rougir…), etc.

Si toutes les phobies sont problématiques, les phobies les plus invalidantes sont les **phobies sociales**.

La double dissociation

La double dissociation est une **technique de PNL** qui permet (après une vérification préalable de l'écologie) de traiter une phobie. Cette technique est réservée aux personnes compétentes en **psychologie clinique**.

La double dissociation s'adresse aux personnes qui se sentent **invalidées** dans certains domaines à cause d'une phobie ou d'un traumatisme. En conséquence, elles vivent **excessivement mal** ou évitent **certaines situations**.

Exemples :

Je ne peux pas prendre ma voiture et conduire au-delà de deux kilomètres tranquillement.

Julie a une phobie des araignées, dès qu'elle en voit une, elle est prise de panique.

On s'intéressera dans un premier temps à :
- La situation présente (EP)
- L'objectif

Ensuite, nous allons rechercher la situation qui a provoqué l'invalidation. Parfois, cette origine n'apparaît pas clairement à la **conscience** de la personne. Nous allons utiliser l'**ancrage** que nous utilisons dans la **restructuration** de l'histoire de vie, c'est-à-dire l'ancrage du sentiment désagréable.

La technique consistera alors à :

- **Vérifier** l'écologie.
- Ancrer un **état de confort**.
- Demander à la personne de s'**imaginer** devant un écran blanc.
- Lui demander de s'imaginer en train de se voir regardant l'écran blanc. (Important : elle ne voit pas l'écran). Tout se passe comme si elle était dans un cinéma au balcon et qu'elle se voit en bas en train de regarder l'écran (sans le voir). Tout se passe comme si elle s'était dédoublée.
- Lui demander d'imaginer que le film de la scène traumatique démarre (rappel, elle ne voit pas l'écran)

- Une fois que la personne vous signale que le film est terminé, vous allez lui demander de redescendre et de réintégrer en quelque sorte son corps. (En imagination, tout est possible).
- Lui suggérer d'établir le **contact**, soit avec l'enfant, soit avec l'adulte, au moment du traumatisme et de le réconforter.

Conclusion

Maintenant que vous en savez plus sur la programmation neurolinguistique, comment passer à l'action ?

Désormais que vous possédez les notions de base, vous pourrez commencer à être plus attentif à tout cet écosystème. Vous pourrez reprendre ce manuel et le feuilletez telle une bible, pour vous rappeler, certains passages jugés complexes, lors d'une première lecture.

Il faut apprendre, expérimenter et pratiquer pendant plusieurs temps pour s'améliorer en PNL.

Que vous soyez thérapeute ou non, laissez infuser cette lecture et les informations que vous avez découvertes. Progressivement, et ainsi que vous le constaterez, cela deviendra naturel pour vous, de voir des choses « non visibles » auparavant.

Nous disposons d'un formidable ordinateur, notre cerveau. Et à l'heure actuelle de nos connaissances, il est impossible de penser à ce que nous ne savons pas encore. Au-delà de nos croyances et convictions illusoires, notre esprit recèle des éléments interdépendants encore insoupçonnés, non découverts. Il est incontestable que la PNL telle que nous la connaissons encore à ce jour est amenée à évoluer, pour le bénéfice du plus grand nombre.

Restons en contact

Un commentaire ? Une suggestion ? Contactez-nous sur les réseaux sociaux ou par mail :

 metamind.edition@gmail.com

 https://www.facebook.com/MetamindEdition

 https://www.instagram.com/metamind_edition/

 https://linktr.ee/metamindedition

www.ingramcontent.com/pod-product-compliance
Lightning Source LLC
Chambersburg PA
CBHW050815250726
48653CB00006B/2229